KLARTEXT

Bildnachweis:
Imago Images: S. 4/5: Eibner, S. 6/7: hochzwei/Angerer, S. 9, S. 11, S. 16, S. 33, S. 35, S. 36, S. 54, S. 64, S. 66, S. 67, S. 71, S. 89, S. 93, S. 97, S. 100, S. 102, S. 111, S. 119: United Archives, S. 15: KHARBINE-TAPABOR, S. 18: APress, S. 19: Scherf, S. 21: SKATA, S. 22: Osnapix, S. 25: Everett Collection, S. 28l.: HMB-Media, S. 28r.: Charles Yunck, S. 30: Thilo Schmülgen, S. 32: Gerhard Leber, S. 39: Gartner, S. 41: APress, S. 42/43: Kicker/Liedl, S. 44: Sven Simon, S. 46: Schwörer Pressfoto, S. 50: Fotothek, S. 53: ZUMA/Keystone, S. 57: picmags, S. 58/59: Heinz Gebhardt, S. 60: Johannes Gewiess, S. 62/63: Sven Simon, S. 68: ADPP -Media, S. 72: ZUMA Wire, S. 80: Bildagentur Monn, S. 81, S. S. 82/83, S. 101: Star-Media, S. 91: Becker&Bredel, S. 94: Associated Press/Peter Blick, S. 95: Panama Pictures, S. 98/99: Tinkeres, S. 106/107: Ulrich Hässler, S. 108: Frank Sorge, S. 113: Future Image; Picture alliance: S. 26: ÖNB-Bildarchiv/picturedesk/Winkler, Karl, S. 73: dpa/Olivier Arandel, S. 76: CHROMORANGE/Horst Schunk, S. 77: UPI, S. 78: dpa/Press Association, S. 79: dpa/Kalaene Jens, S. 87: dpa/Carlos de la Rosa, S. 103: Firstlook/Picturedesk

Für Iris, Thea und Aenne

Eine Playlist
zum Buch
gibt es hier:

Bibliografische Information der Deutschen Nationalbibliothek
Die Deutsche Nationalbibliothek verzeichnet diese Publikation in der Deutschen Nationalbibliografie; detaillierte bibliografische Daten sind im Internet über portal.dnb.de abrufbar.

Impressum
1. Auflage Oktober 2023
Layout und Satz: Guido Klütsch
Umschlagabbildungen: Adobe Stock/ svetamart (Kornfeld), Imago Images/Horst Galuschka (Udo Jürgens), pa/keystone/Röhnert (Dieter Thomas Heck), pa/dpa/Britta Pedersen (Helene Fischer)
Druck & Bindung: Linsen Druckcenter GmbH, Siemensstraße 12-14, 47533 Kleve

ISBN 978-3-8375-2576-2

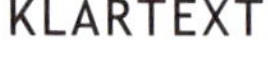

Jakob Funke Medien Beteiligungs GmbH & Co. KG
Jakob-Funke-Platz 1, 45127 Essen
info.klartext@funkemedien.de
www.klartext-verlag.de

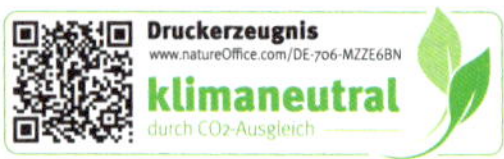

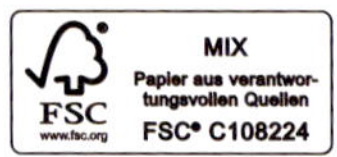

André Port le roi

Schlager

Populäre Irrtümer und andere Wahrheiten

Inhalt

6 Zum Geleit
8 „Hier ist Berlin“
12 Zahlen & Fakten
14 Von der Operette bis Dieter Bohlen
20 „Helene who?“
24 Vorgeschichte: Im Anfang war der Schlager
28 „Aua im Kopf“
31 Sängerkrieg der Schlagerhasen
32 „Sag mir wie“
34 Heimat, Italien und die Ferne – die fünfziger Jahre
38 Die neue Vielfalt
42 „Dann macht es bumm“
48 Sieben Fässer Wein im deutschen Bundestag
50 Eine Quote für den deutschen Schlager?
52 Das moderne Deutschland entsteht – die sechziger Jahre
56 Der Einzige, der Größte

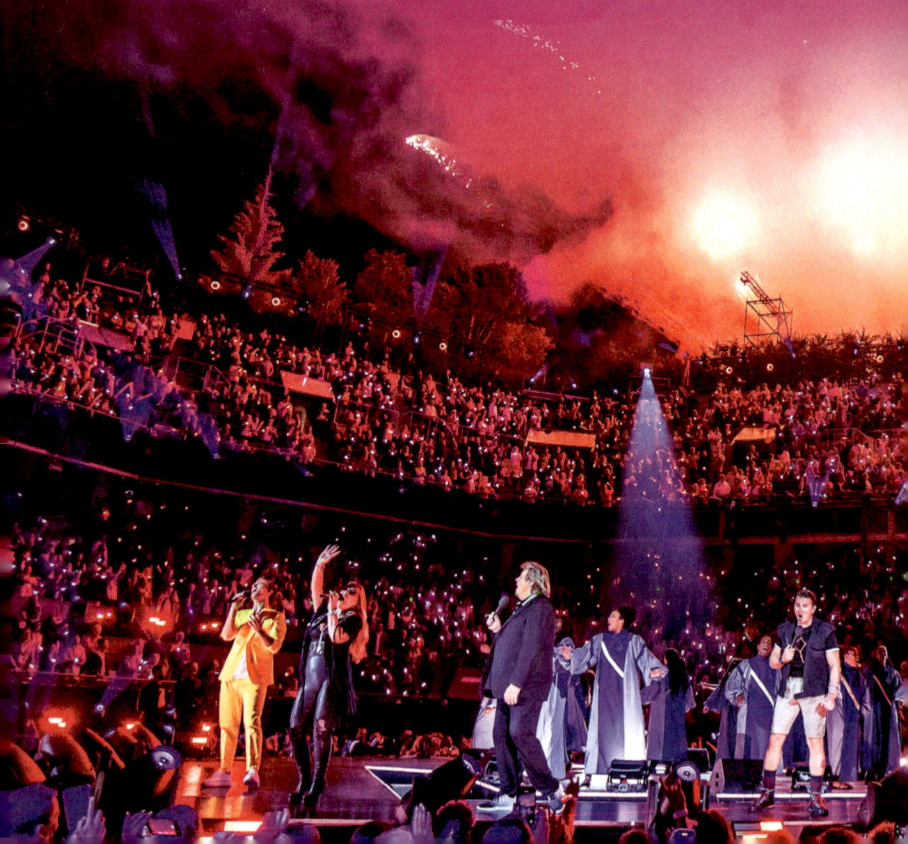

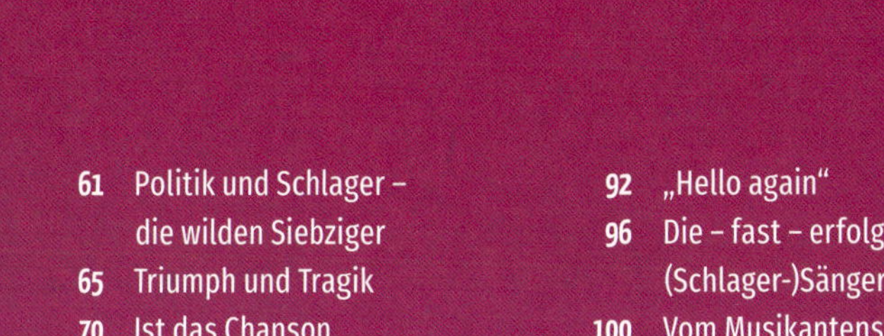

61 Politik und Schlager – die wilden Siebziger

65 Triumph und Tragik

70 Ist das Chanson ein französischer Schlager?

75 Schlager. Eine Zeitreise

81 „Eine von uns"

86 Weinende Schmetterlinge und andere Missverständnisse

88 Geografie und Grammatik

90 Der plötzliche Erfolg des Wolfgang Petry

92 „Hello again"

96 Die – fast – erfolgreichste (Schlager-)Sängerin der Welt

100 Vom Musikantenstadl zum Schlagerboom

105 „Wir brauchen keine Lügen mehr"

110 Verrückt nach Mary

114 Das Quiz für echte Schlager-Experten

120 Zitate

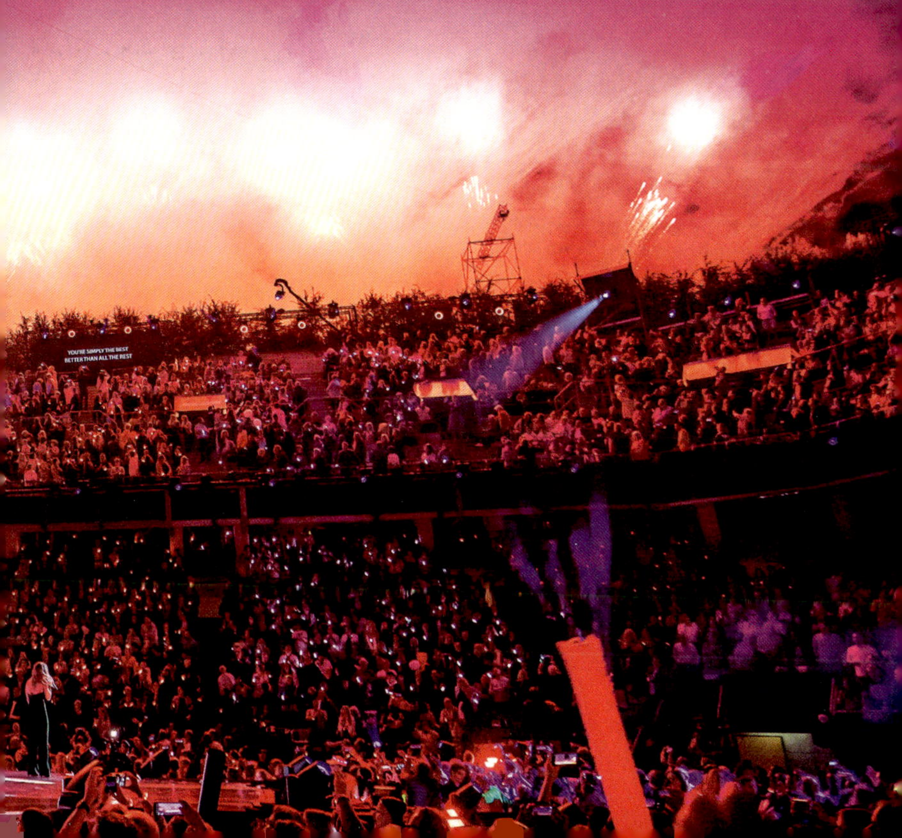

Zum Geleit

Der deutsche Schlager lebt, heißt es alle Jahre wieder. Und als 2022 der Schlagermove vor 400.000 Zuschauern durch Hamburg zog, schien nicht nur die Corona-Pandemie endgültig vorbei zu sein, sondern auch die gemeinsam ausgelebte Sehnsucht wieder möglich. Doch wer genau hinhörte, merkte bald: Die gespielten und begeistert mitgesungenen Titel waren überwiegend die Schlager der sechziger und siebziger Jahre. So bezieht sich die Gegenwart wieder auf die Vergangenheit – und auf das gemeinsame Traumland deutscher Befindlichkeiten. Die strengen politischen und kulturellen Gegnerschaften dieser Epoche scheinen rückblickend abgemildert durch die gemeinsam gehörte und erlebte Musik: die der „ZDF-Hitparade", „Disco" oder der „Starparade". Die kulturelle Relevanz, die der deutsche Schlager damals hatte, ist unwiderruflich vorbei. Die bis heute vorherrschende Popularität dieses „silbernen Zeitalters" aber ist begründet in seiner musikalischen Qualität und der Originalität seiner Texte. Die Gegenwärtigkeit des deutschen Schlagers dieser Zeit erklärt auch den Zeitrahmen der musikalischen Reise *dieser* Betrachtungen – wir beginnen kursorisch in den späten sechziger Jahren, stehen in der Gegenwart und schauen auf die Zukunft. Udo Jürgens und Helene Fischer, Mallorcaschlager und Dieter Bohlen: Das alles und noch viel mehr bietet dieses Buch!

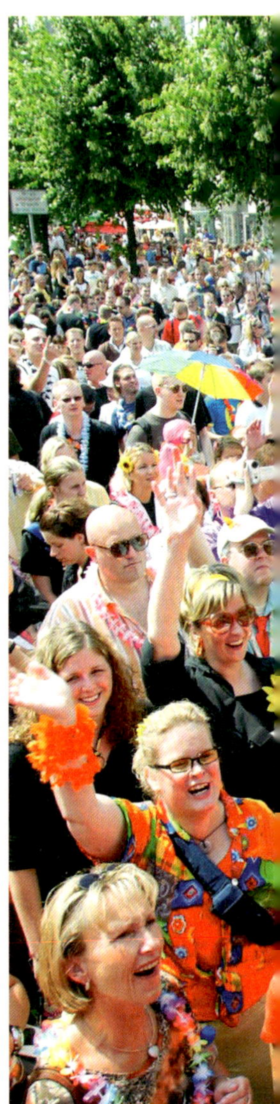

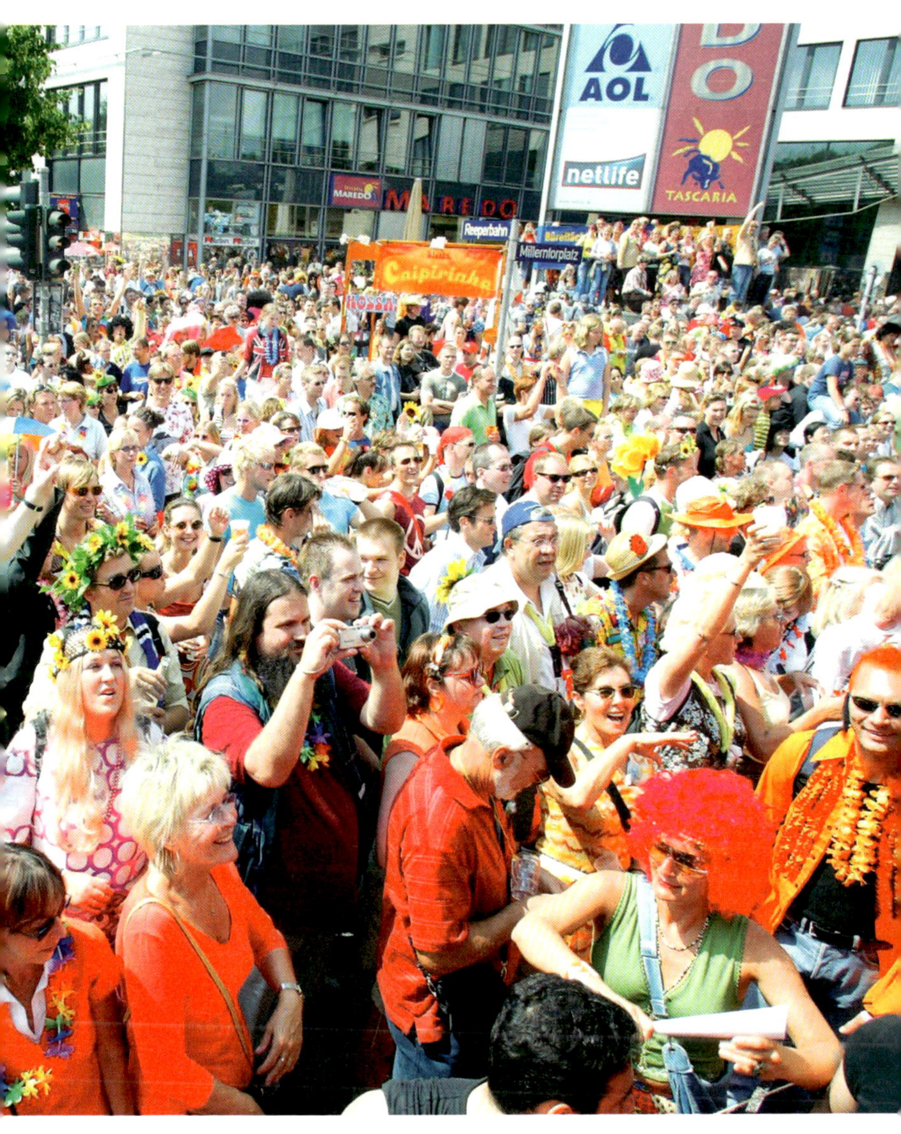

Auch das Publikum des Schlagermove hatte seine beste Zeit
in den sechziger und siebziger Jahren.

„Hier ist Berlin“

1969 war eine Zäsur: Mit Willy Brandt wurde nicht nur ein Sozialdemokrat und ehemaliger Emigrant zum Bundeskanzler gewählt, die „ZDF-Hitparade“ veränderte im gleichen Jahr mit ihrem Moderator Dieter Thomas Heck den deutschen Schlager ähnlich gründlich wie die sozial-liberale Koalition die Politik.

Politisch standen beide Protagonisten in gegensätzlichen Lagern – Heck machte nie ein Geheimnis aus seiner Vorliebe für die CDU –, aber beide modernisierten ihr Genre von Grund auf. Brandt integrierte eine aufsässige, progressive und langhaarige Jugend in die kulturelle, etwas biedere traditionelle Arbeiterpartei; bei Heck wurde zwar ausschließlich Deutsch gesungen, aber die Interpreten sahen mit ihren langen Haaren, bunten Hemden und Schlaghosen wie englische Popstars aus. Von Anfang an hatte sich die „ZDF-Hitparade“ vom bürgerlichen Galacharakter traditioneller TV-Schlagersendungen verabschiedet: keine Trennung von Bühne und Zuschauerraum mehr, die Interpreten saßen mitten im Publikum, standen dann auf und sangen live in ihr Mikrofon. Der Werkstattcharakter des progressiven Theaters fand sich im Studioambiente der nackten Backsteinmauern wieder, während die begleitende Musik sichtbar von einem hinter einer Bandmaschine sitzenden Tontechniker („Rainer, fahr ab!“) eingespielt wurde. Die Eingangssequenz („Hier ist Berlin“), die im Studio stets mitlaufende große Uhr, die die Live-Behauptung belegte, oder der im Stakkato von einem kleinen Zettel ab- und vorgelesene Abspann („Regie: Truck Branss“) – schon dramaturgisch waren Heck und die „ZDF-Hitparade“ sofort auf der Höhe der Zeit. Modernisierung bedeutete damals für Politik, Musik oder Gesellschaft Ähnliches: Auftreten und Präsentation wurden wichtiger. Die großen Hits wurden nicht mehr im Radio, sondern im Fernsehen gemacht. Und auch das politische Personal musste telegen und möglichst modern sein.

„Rainer, fahr ab!“

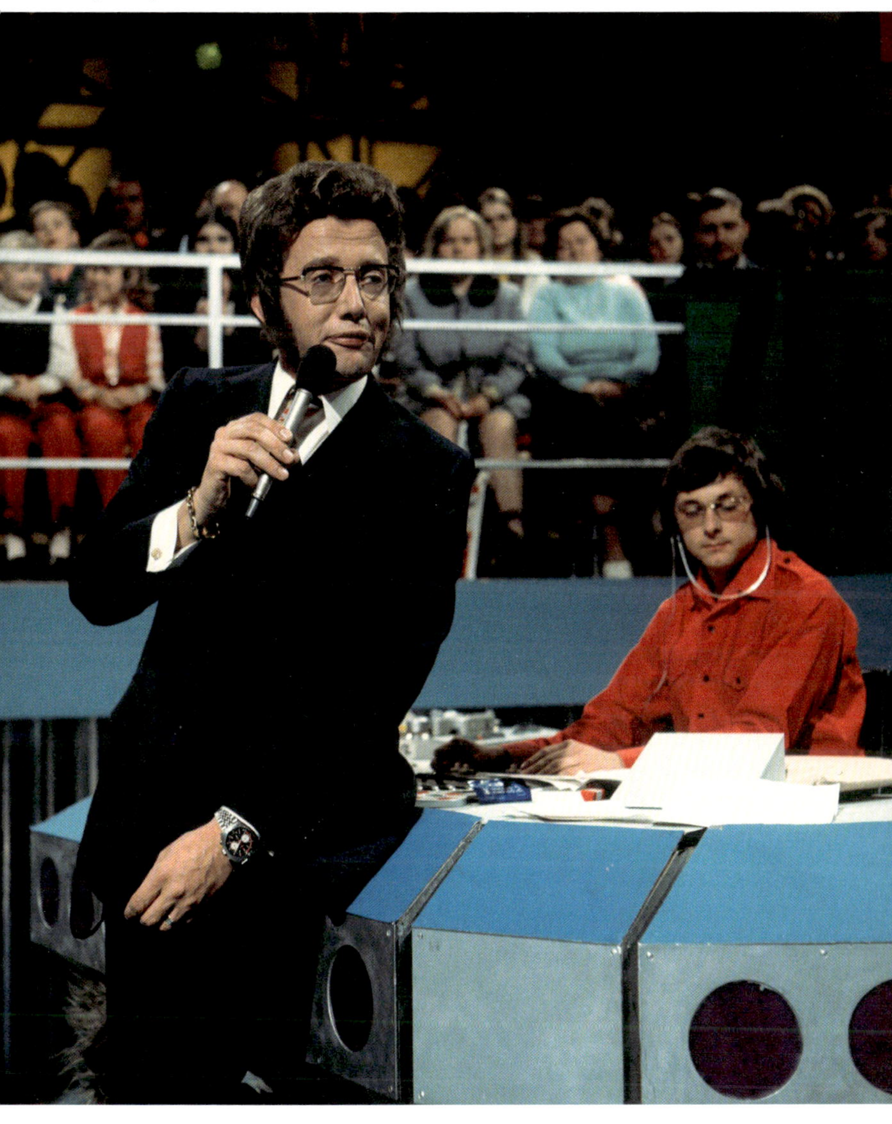

Die Maxime der ersten Regierungserklärung Willy Brandts „Wir wollen mehr Demokratie wagen“ wurde von der „ZDF-Hitparade“ gespiegelt: Die Gewinner wurden mit Abstimmungskarten durch das Fernsehpublikum gewählt.

In dieser betont nüchtern-modernen Atmosphäre konnte der Schlager alles sein: pop-rhythmisiert, sentimental, Stimmungsschlager oder chansonesk. Zusammengehalten wurde alles von Dieter Thomas Heck, der das Konzept der ausschließlich deutschen Musik bereits seit 1966 im Saarländischen Rundfunk launig präsentiert hatte. Heck war alles gleichzeitig: Gesicht und Moderator der Sendung, politisch offen konservativ, aber modern im Habitus: „Ja, ich bin für die CDU, Sie müssen das deswegen ja nicht sein!“ In der Zeit der politischen Polarisierung der frühen siebziger Jahre wusste er, dass der deutsche Schlager gegen die englischsprachige Popmusik nur dann erfolgreich sein konnte, wenn er sich neuen musikalischen Strömungen öffnete und von jungen Interpreten präsentiert wurde. 1971 bekam die „ZDF-Hitparade“ die Goldene Kamera der Fernsehzeitschrift „Hörzu“ in der Sparte beliebteste Jugendsendung – die Modernisierung des deutschen Schlagers war in kürzester Zeit geschafft. Vielleicht konnte nur ein politisch Konservativer wie Dieter Thomas Heck, der aber die Zeichen der Zeit erkannte, den Schlager so durchlüften. Wer Heck in seinen letzten Jahren bei Veranstaltungen der Schlagerindustrie erlebt hat, konnte die tiefe Verehrung und Freundschaft seiner Wegbegleiter spüren. Ohne ihn wäre das „silberne Zeitalter“ des deutschen Schlagers, die Zeit zwischen 1969 und Ende der siebziger Jahre, so niemals möglich gewesen.

Nach dem Vortrag, hier 1971 von Danyel Gerard, konnten die Zuschauer Blumen überreichen.

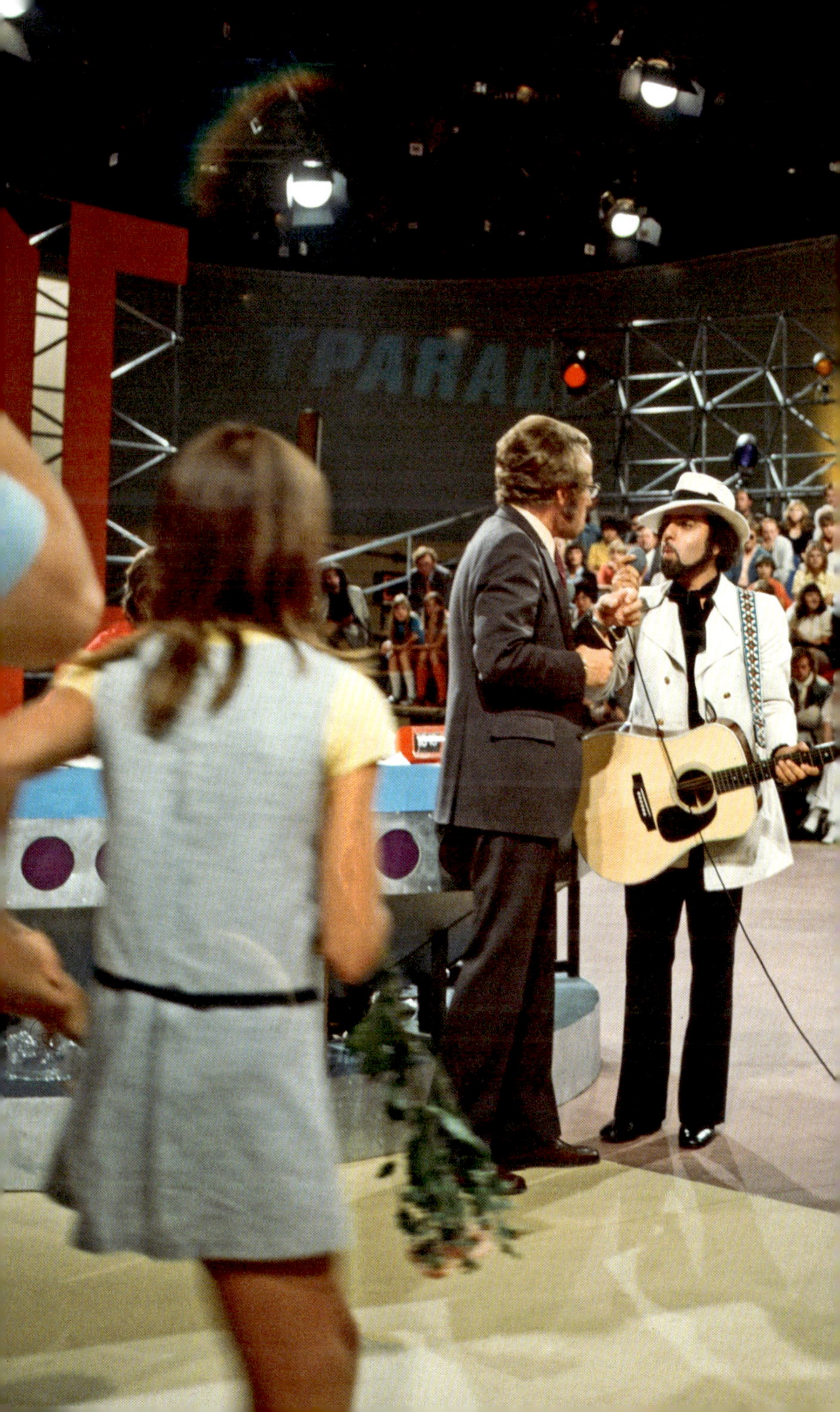
PARAD

Zahlen & Fakten

13,9 Millionen Menschen ab 14 Jahren hören im Deutschland des Jahres 2022 sehr gerne deutschen Schlager.

105 Millionen Tonträger hat **Udo Jürgens** im Laufe seiner Karriere verkauft. Er ist damit der erfolgreichste deutschsprachige Interpret (auch wenn er natürlich viel mehr ist als nur ein Schlagersänger).

150 Millionen Aufrufe auf YouTube haben **Roland Kaiser** und **Maite Kelly** für ihr Duett „Warum hast Du nicht nein gesagt" in knapp neun Jahren erreicht.

368 Episoden der „ZDF-Hitparade" wurden von 1969 bis 2000 ausgestrahlt.

1977 war das erste Jahr, in dem es **keine einzige deutschsprachige Single auf Platz 1** der deutschen Verkaufscharts schaffte.

Mit ihrem **zwölften Nr.1-Album** „Tausend Träume" überholten Die Amigos 2020 die Beatles, die immerhin 11 höchstplatzierte Alben veröffentlicht hatten.

40 Goldene Schallplatten ersang sich der Kinderstar Heintje in seiner kurzen Karriere, unter anderem in Kanada, USA und Australien.

Freddy Quinn und Conny Froboess gewinnen **1960 als erste Schlagerstars** in der Kategorie Sänger bzw. Sängerin den **Goldenen Otto der Zeitschrift „Bravo"**. Freddy gewinnt darüber hinaus bis 1963 jedes Jahr den Goldenen Löwen, bis er sich 1964 Cliff Richard geschlagen geben muss.

200 Euro betrug 2019 der **Materialwert einer Goldenen Schallplatte**

2 Schlagersänger wurden seit Beginn des **„Dschungelcamps"** zum Dschungelkönig gewählt: 2004 Costa Cordalis und 2008 Ross Antony. **14 Schlagerstars** nahmen insgesamt bis 2022 am „Dschungelcamp" teil.

3,9% betrug der Anteil des Schlagers 2021 an der Umsätzen der Musikindustrie.

0! Zum ersten Mal war **2022 kein einziger deutschsprachiger Titel** unter den 100 meistgespielten Songs im deutschen Radio.

65 Titelbildauftritte hatte Helene Fischer 2022 allein bei den sechs auflagenstärksten Frauenillustrierten.

Von der Operette bis Dieter Bohlen

„Schlager" war ursprünglich kein Gattungs-, sondern ein Erfolgsbegriff für ein erfolgreiches Lied oder Musikstück. Seit 1881 für „einschlagende" Melodien, meist aus Operetten, benutzt, bleibt bis heute die Textgebundenheit wichtig für seinen Erfolg, da sich ein gesungenes Lied leichter beim Publikum durchsetzt.

Bis Mitte des 20. Jahrhunderts waren Schlager aber immer auch Tanzmusik, auf den ersten Blick zu erkennen am Aufdruck des Singlelabels (Foxtrott, Walzer, Rumba oder Tango). Mit dem Erfolg des Rock'n'Roll und der Beatmusik löste sich auch der Schlager vom Rhythmus des Standardtanzes.

Als 1971 Ilja Richter begann „Disco" im ZDF zu präsentieren, war das Studio voller Jugendlicher, die zu den auftretenden Künstlern tanzten. Aber eben keine Standardtänze mehr, sondern in freier Bewegung: Ob Cindy und Bert, Jürgen Marcus, Suzi Quatro oder Slade gerade auftraten, spielte kaum eine Rolle. Für ein paar Jahre adressierten Popmusik und deutscher Schlager eine ähnliche Zielgruppe. Die Jugendrevolution der sechziger Jahre hatte den deutschen Schlager in kürzester Zeit verändert und modernisiert. Durch eine behutsame Adaption der neuen Strömungen in seinen Rhythmen und vor allem in seinen Texten sowie einen rasch vollzogenen Generationenwechsel der Interpreten, war es dem deutschen Schlager gelungen, wieder Anschluss an die Entwicklungen in der Jugendszene zu finden.

Dieses „silberne Zeitalter" des deutschen Schlagers (nach dem „goldenen" der zwanziger und frühen dreißiger Jahre des 20. Jahrhunderts) endete Ende der siebziger Jahre. Punk und New Wave modernisierten die internationale Popmusik, während sich der Schlager in Blödelsongs flüchtete. Die Neue Deutsche Welle setzte dann ab 1980 endgültig die deutsche Sprache durch. Die NDW-Helden enterten die ehrwürdige „ZDF-Hitparade", texteten

„Die lustige Witwe", „Der Graf von Luxemburg" oder „Der Zarewitsch": Die Operetten von Franz Lehár lieferten viele Erfolgsschlager dieser Zeit.

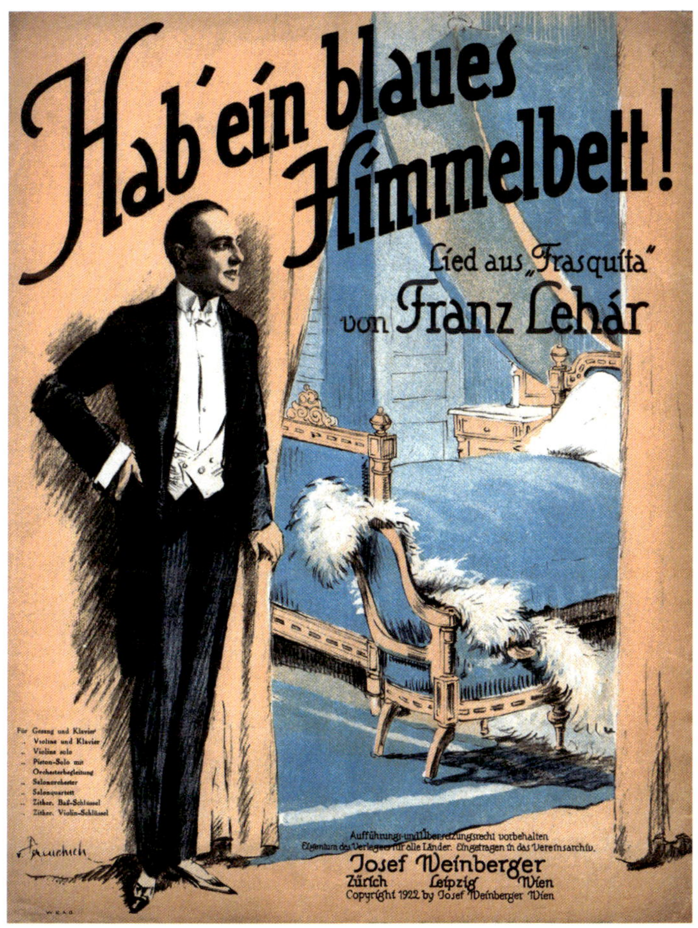

ihre Lieder spontan um und persiflierten die ritualisierten Aufführungen. Peter Maffay konnte nun endlich deutschsprachige Rockmusik machen und trat sogar im Vorprogramm der Rolling Stones auf. Der progressive Teil des deutschen Schlagers hatte sich abgespalten und mit deutschsprachiger Rockmusik

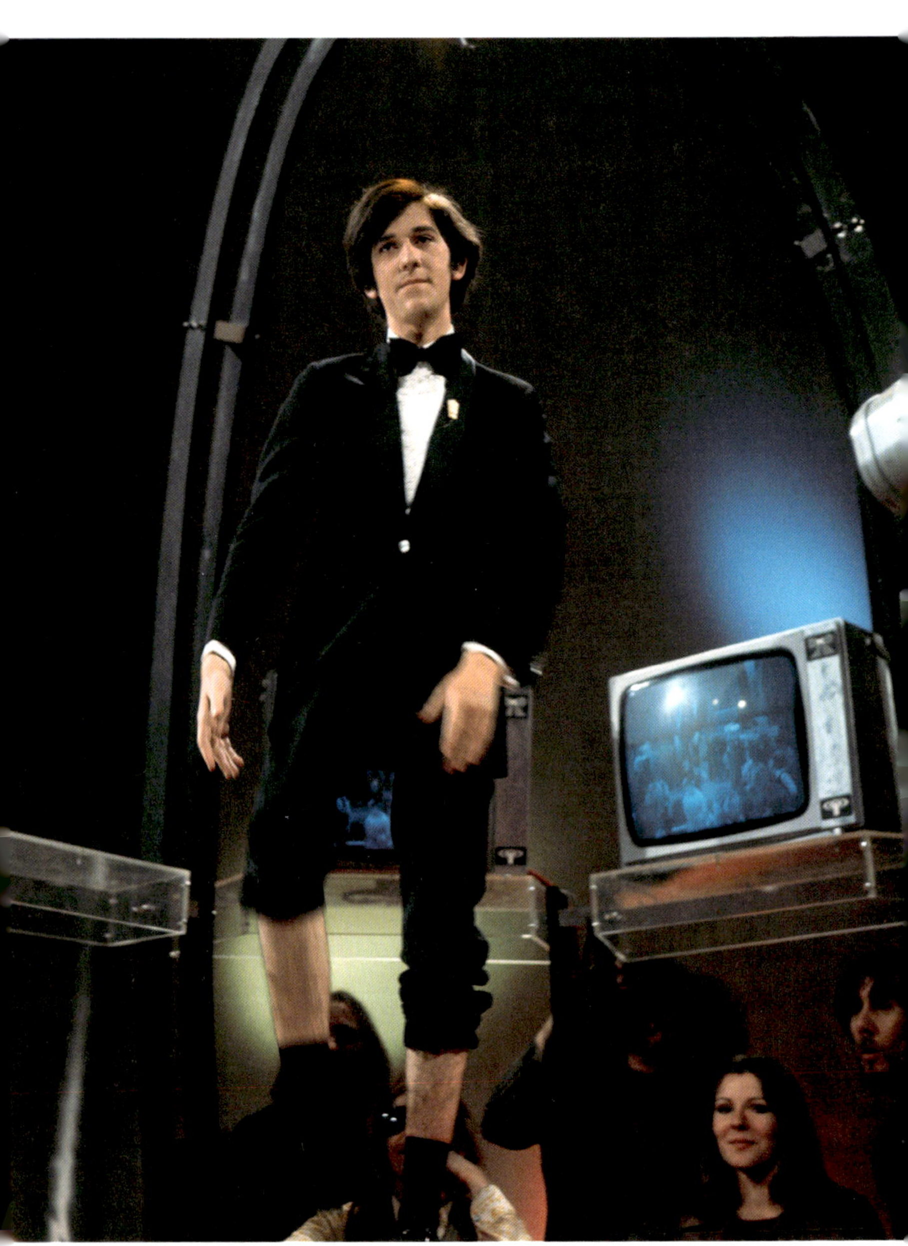

Ilja Richter führte ab 1971 in „Disco“ deutschen Schlager und Popmusik zusammen.

verbündet. Die Reduzierung auf das Marktsegment der Schnulze brachte dem deutschen Schlager einen bis dato einmaligen ökonomischen und Bedeutungsverlust. Ab 1983 saß das Publikum dann beim „Musikantenstadl“: Es tanzten keine Jugendlichen mehr im Studio, sondern ein älteres Publikum saß brav auf Bänken zwischen Strohballen. Statt der (furchtbaren) Sketche mit Ilja Richter gab es im „Stadel“ rustikalen Humor mit Moderator Karl Moik und „Hias, dem Urviech“. Die versprengten Bataillone des deutschen Schlagers traten die Reise zurück an und schlugen sich freudig auf die Seite der volkstümlichen Musik.

In den bewegten Zeiten der deutschen Wiedervereinigung waren Heimatliebe, Treue und das einfache, aber glückliche Leben die bewährten Antworten des deutschen Schlagers. Der klassische deutsche Schlager des wiedervereinigten Deutschlands zeigte sich mit der Re-Nationalisierung der deutschen Musikszene, die nun fast ausschließlich deutsch sang, eingeklemmt zwischen volkstümlicher Musik und den Sprachexperimenten des deutschsprachigen Hip-Hops. Auch die Produktionsbedingungen von Musik- und Schallplatten- bzw. CD-Produktionen veränderten sich in den achtziger und neunziger Jahren grundlegend und rasant: Die Produzenten ersetzten „echte“ Musiker und traditionelle Arrangements durch Computertöne, was die Produktionskosten bei stagnierenden Absätzen drastisch senkte und die Position des Produzenten weiter stärkte.

Hauptprotagonist dieser neuen Epoche ist Dieter Bohlen. Schon vor seinem Erfolg mit Modern Talking ab 1984 produzierte Bohlen Schlager. Der überwältigende Erfolg schien seiner Methode Recht zu geben und in allen Bereichen zu funktionieren. Er produzierte, schrieb und textete für alte Schlagerhelden und -heldinnen wie Bernd Clüver, Mary Roos, Rex Gildo, Marianne Rosenberg, Roy Black und sogar Peter Alexander und internationale (Alt-)Stars wie Chris Norman, Al Martino, Bonnie Tyler oder Engelbert. Der „Bohlen-Sound“ brachte lange Zeit hohe

Dieter Bohlen vor bohlentypischer Wanddekoration

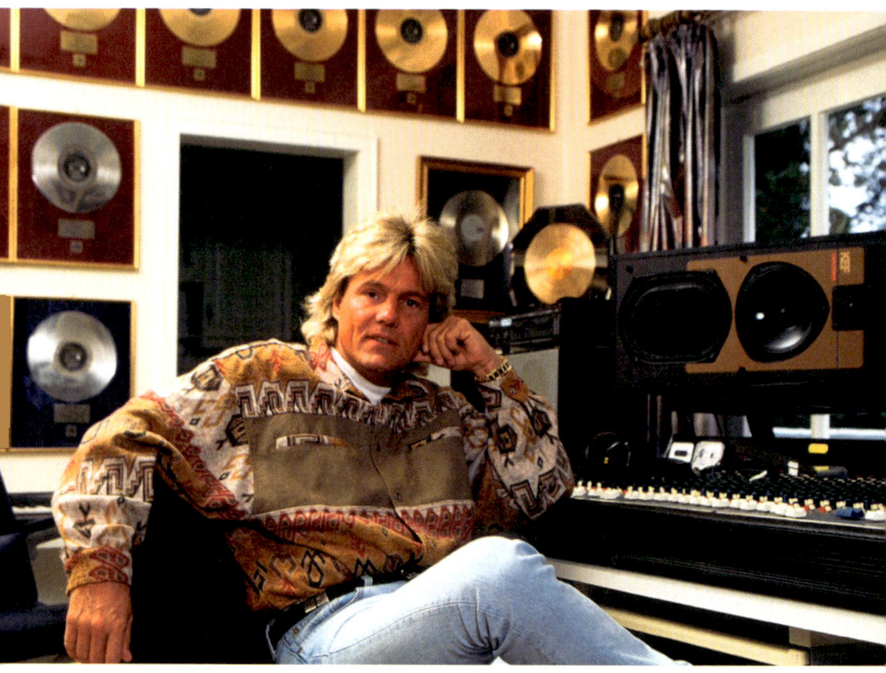

Verkaufszahlen, nivellierte aber die Unterschiede zwischen den Interpreten, zwischen deutschen und internationalen Produktionen. Klangen so anfangs deutsche Interpreten „international", hörten sich bald internationale Interpreten „deutsch" und provinziell an, wenn etwa der amerikanische Entertainer Engelbert 1994 den Modern Talking-Erfolg „You're my Heart, you're my Soul" einspielte.

Nach Re-Union und dann erneuter Trennung von Modern Talking wurde Bohlen dann 2002 ständiger Juror der Castingshow „Deutschland sucht den Superstar". Durch den ungeheuren Erfolg der Sendung baute Bohlen ein regelrechts DSDS-Imperium auf – er schrieb und produzierte die meisten Siegertitel, gestaltete die Karrieren der restlichen Teilnehmer und ging mit ihnen und den von ihm geschrieben und produzierten Nummern auf Tournee. Da er als wichtigster Juror immensen Einfluss

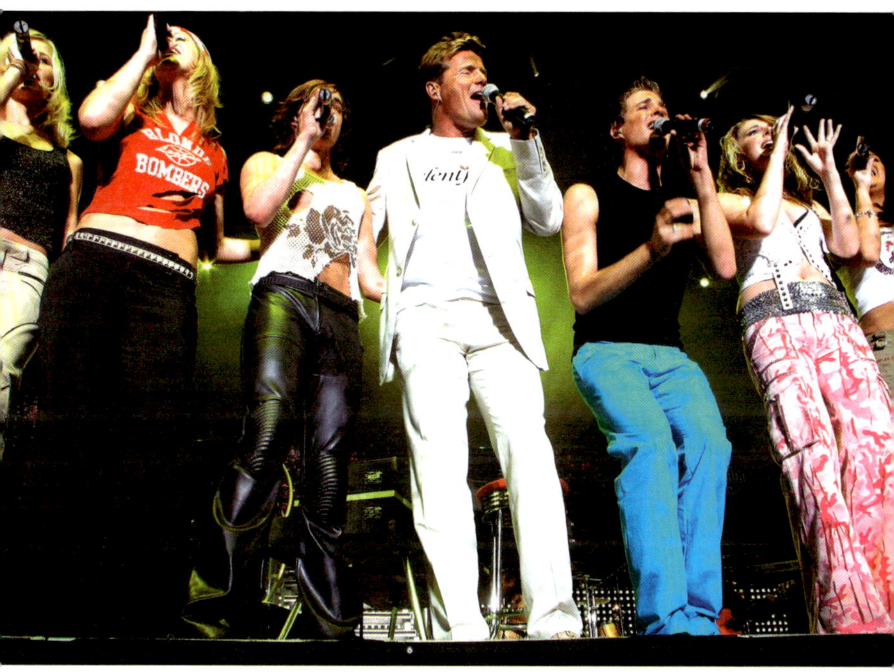

auf die Siegerchancen hatte, konnte er sich über einen langen Zeitraum von fast 20 Jahren die passenden Interpreten für seine Produktionen aussuchen. Mit über 1000 (!) Goldenen und Platin-Schallplatten ist er natürlich der mit Abstand erfolgreichste Komponist und Produzent in Deutschland, der aber auch eine Monokultur des Bohlen-Sounds geschaffen hat: Die musikalische Persönlichkeit des Interpreten tritt fast vollständig hinter den Produzenten zurück, es zählt nur der kommerzielle Erfolg – Dieter Bohlen hat nie einen Hehl daraus gemacht.

So frisst schließlich die musikproduktionstechnische Revolution ihre Kinder: Schnell und dadurch austauschbar produziert, werden die Titel immer ähnlicher und so auch langweiliger. Der deutsche Schlager hat sich in weiten Teilen vom süßen Gift des Dieter Bohlen musikalisch nie wieder so richtig erholt.

„Helene who?“

2018 veröffentlichte das US-Wirtschaftsmagazin „Forbes“ eine Liste der weltweit bestverdienenden Musikerinnen des Jahres: auf Platz 8, hinter Rihanna, aber noch vor Celine Dion oder Britney Spears: Helene Fischer.

Der deutsche Schlagersuperstar hatte im März des Jahres eine Tour der Superlative beendet. Zu insgesamt 62 Konzerten waren mehr als 760.000 Besucher gekommen – Helene Fischer war der größte deutsche Schlagerstar der Gegenwart. 1984 im sibirischen Krasnojarsk als Russlanddeutsche geboren, kam sie im Alter von vier Jahren mit ihrer Familie nach Westdeutschland und absolvierte nach der Schule in Frankfurt am Main eine dreijährige Ausbildung als Musicaldarstellerin. Sie bekam sofort Bühnenengagements und trat mit 21 Jahren in Florian Silbereisens TV-Show „Hochzeitsfest der Volksmusik“ auf. 2007 erhielt sie ihre ersten beiden Goldenen Schallplatten, ging in den folgenden Jahren auf Tour, bekam Preise, spielte in der ZDF-Serie „Traumschiff“ und veröffentlichte schließlich 2013 das Album „Farbenspiel“. Die Singleauskopplung „Atemlos durch die Nacht“ ist sicher der bekannteste deutsche Schlager der Gegenwart und trägt Helene Fischers Erfolg bis heute. Die „Farbenspiel“-Stadion-Tour 2015 hatte 800.000 Zuschauer und erfand ein neues Genre: das Stadionkonzert eines einzelnen deutschen Schlagerkünstlers, das nach internationalen Standards produziert wurde.

2017/18 folgte eine neue Konzertreihe, produziert mit einem Tochterunternehmen des „Cirque du Soleil“. Helene Fischer hatte das größte, aufwändigste und erfolgreichste Schlagerevent der deutschen Geschichte erschaffen – und so kam es zu der „Forbes“-Platzierung dieses Jahres.

Der britische Guardian versuchte daraufhin seinen verdutzten Lesern zu erklären, was es mit der international völlig

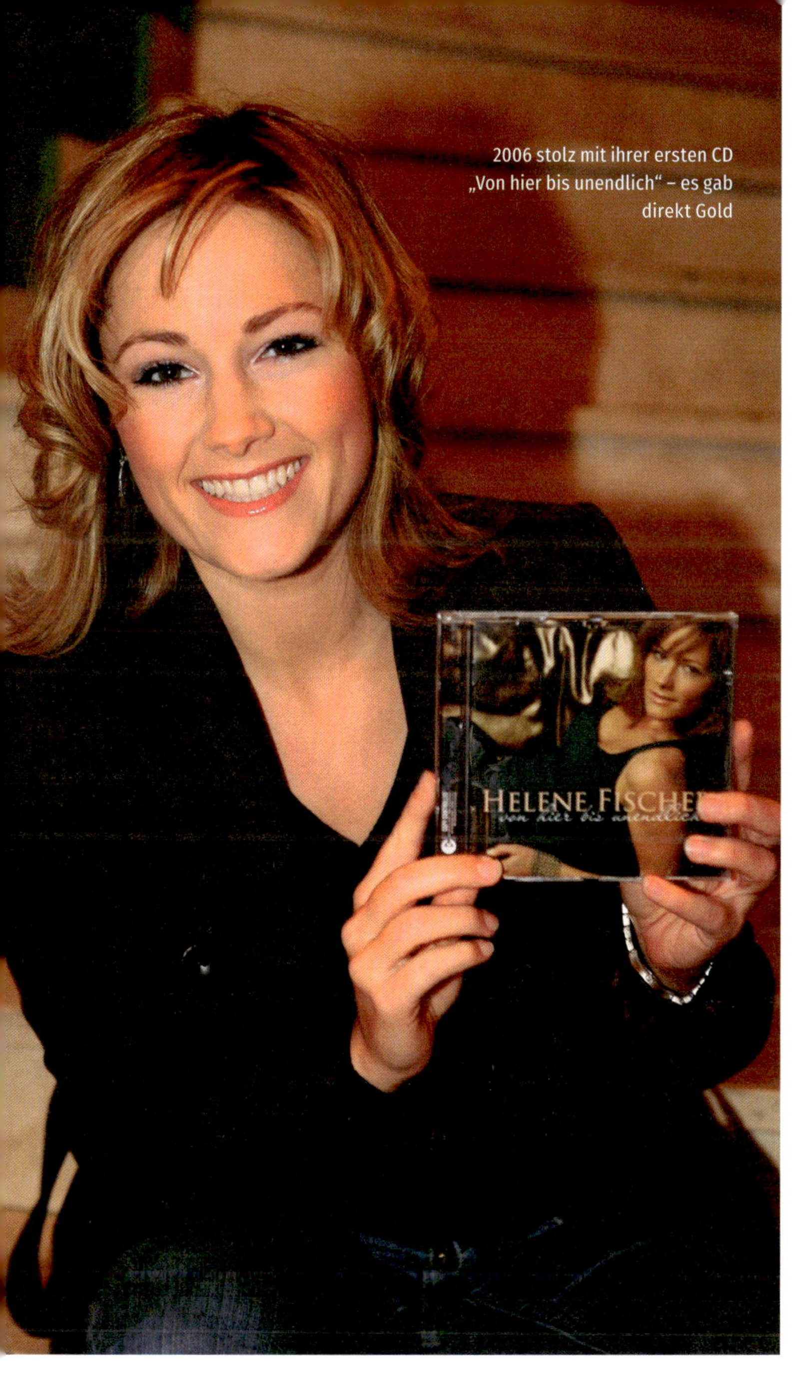

2006 stolz mit ihrer ersten CD „Von hier bis unendlich" – es gab direkt Gold

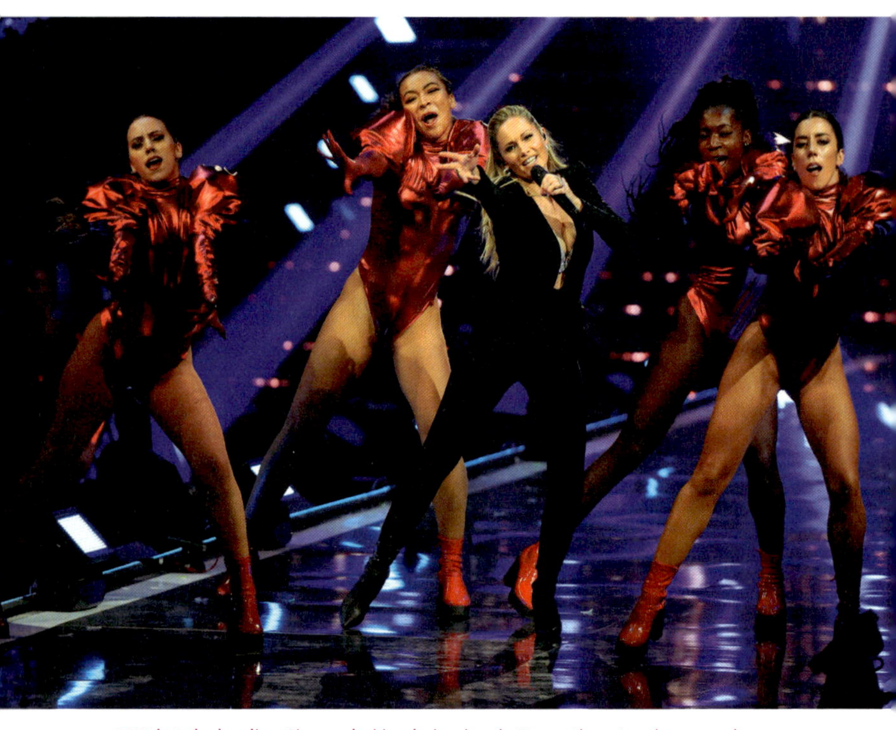

2022 in Leipzig – ihre Shows sind beeindruckende Gesamtkunstwerke geworden.

unbekannten Sängerin auf sich hatte: „Helene Fischer, schlager superstar: the richest singer you've never heard of".

Die englische Zeitung versucht den ahnungslosen Briten zu erklären, was deutsche Schlagermusik überhaupt ist, nämlich „a kind of bierhalle bop that oompahs trough matters concerning booze, babes and the bundesrepublik" – die hübsche englische Alliteration lässt sich vielleicht mit „Bierhallenmusik, die durch Themen wie Schnaps, Mädchen und Deutschland marschiert" übersetzen. „The Guardian" vergleicht die gigantischen Shows mit denen von Taylor Swift, auch wenn er die Musik „frankly awful", also „ehrlich gesagt: schrecklich" findet.

Wer einmal die nicht gerade feinsinnige Stimmung in einer englischen „Bierhalle" erlebt hat, ist vielleicht über dieses harsche Urteil überrascht. Aber deutsche Musik bedeutet in UK eben bis heute: Marschmusik, Richard Wagner, Rammstein oder James Last.

Trotzdem bleiben Helene Fischers Konzerte der letzten Jahre, und zuletzt auch ihr Regenkonzert auf dem Münchener Messegelände vor 150.000 Zuschauern, singuläre Ereignisse in Reihe und faszinieren ihr sehr gemischtes Publikum durch eine einmalige Mischung aus perfekt choreografierter Show, einer guten Sängerin, hervorragenden Tänzern und vor allem sehr guten Musikern, die aus den zum Teil musikalisch und textlich schlichten Schlagern das Optimum herausholen. Permanente musikalische Tempiwechsel, eine aufwändige und gutgemachte Lightshow, neue und anspruchsvolle Arrangements lassen auch ältere unbedarfte Titel modern und komplex wirken. Dazu bietet Helene Fischer eine bestechende Performance – sie tanzt, singt und trapezt sich durch die deutschen Stadien, fehlerfrei und teilweise wirklich atemberaubend.

Die perfekte Inszenierung dieses höchst talentierten und doch seltsam unpersönlich wirkenden Schlager-Superstars zeigt aber auch Helene Fischers Grenzen: Auf der Bühne umgeben von internationaler Klasse der übrigen Akteure, zitiert sie lediglich die Formensprache einer Britney Spears, Kylie Minogue oder Taylor Swift. Handwerklich makellos fehlt ihr das „Eigene“, die offensiv zur Schau gestellte Internationalität wirkt dann manchmal sehr provinziell.

Und so ist Helene Fischer vielleicht doch die perfekte deutsche Künstlerin unserer Zeit: perfektionistisch, aber etwas zu kühl, fehlerfrei, aber ohne Seele und hinter großartigen Arrangements gelegentlich musikalische Substanz vermissen lassend.

Vorgeschichte: Im Anfang war der Schlager

Die Herkunft des Begriffs „Schlager“ aus der Kaufmannssprache, die damit noch heute einen gut verkäuflichen Artikel bezeichnet, verdeutlichte bereits zu Beginn des zwanzigsten Jahrhunderts, wie sehr die Gesetze des Marktes das musikalische Unterhaltungssegment geprägt haben. Als marktwirtschaftlich produzierte Ware muss der Schlager die kaufmännischen Kriterien der Nachfrage und der preiswerten, nach Möglichkeit arbeitsteiligen Herstellung erfüllen: Der Komponist lieferte das Rohmaterial – die Melodie – welches der Musikverlag bzw. sein Arrangeur für die unterschiedlichsten Bedürfnisse einrichtete. Nach der deutschen Niederlage im Ersten Weltkrieg und dem Wegfall der kaiserlichen Zensur, beförderte das Radio ab 1923 die rasante Verbreitung des Schlagers; dazu kam als zweites neues Medium zur Verbreitung von Schlagern ab 1930 der Tonfilm.

Tonfilm, Radio und Schallplatte „kanonisierten“ die jeweils gültigen Interpretationen eines Titels. „Ich bin von Kopf bis Fuß auf Liebe eingestellt“ machte die Filminterpretin Marlene Dietrich über Nacht weltberühmt – Komponist und Texter Friedrich Hollaender trat dahinter zurück. Der Tonfilm kombinierte die unterschiedlichen Starsysteme des Schlagers und des Kinos. Kaum ein großer Schlager dieser Jahre bis zum Ende des Zweiten Weltkriegs, der nicht durch einen Film bekannt wurde. Nach der Machtergreifung durch die Nazis 1933 wurde die „Reichsmusikkammer“ gegründet, die direkt Joseph Goebbels unterstellt war und jüdische oder „politisch unzuverlässige“ Künstler vom Musikbetrieb ausschloss. Die für das Publikum so wichtigen Stars hatten sich größtenteils mit der Diktatur arrangiert und produzierten weiter ihre Filme und Filmschlager, vertriebene

In Amerika sofort ein Star: Marlene Dietrich in „Der blaue Engel“

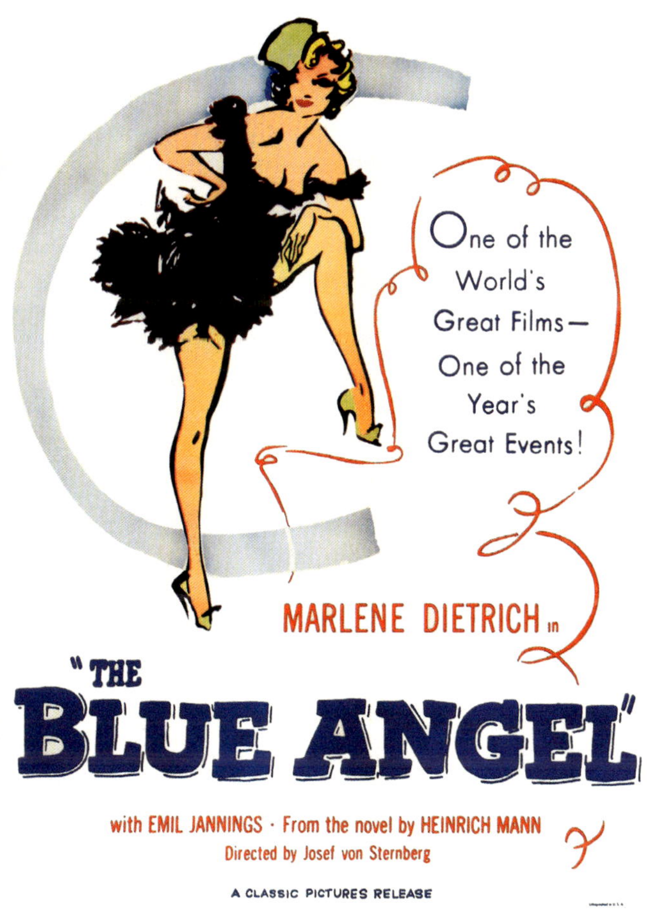

oder ermordete Komponisten und Texter wurden zügig durch junge Nachrücker ersetzt, die ihre Chance sahen und einen neuen, forschen Ton in den Schlager brachten:

„Und wenn die ganze Erde bebt / und die Welt sich aus den Angeln hebt: Das kann doch einen Seemann nicht erschüttern, keine Angst, keine Angst, Rosmarie!“

„Das kann doch einen Seemann nicht erschüttern“ feierte am 1. August 1939 seine Premiere, im Film „Paradies der Junggesellen“. Einen Monat später marschierte die deutsche Wehrmacht. Der Krieg veränderte den deutschen Schlager sofort, es verschwanden sämtliche militaristischen Anspielungen. Statt-

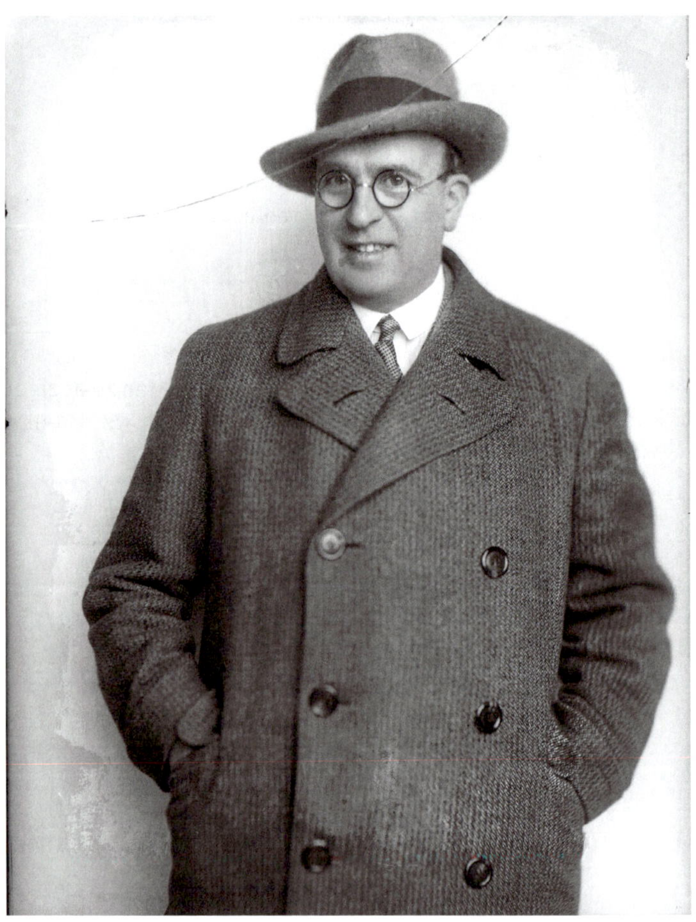

Fritz Löhner, alias Beda, der bekannteste Librettist und Texter seiner Zeit, wurde 1942 im KZ Auschwitz umgebracht.

dessen gab es schmissigen Optimismus oder sentimentale Abschiede. Als ab 1942 der deutsche Vormarsch stoppte und alliierte Bomben den Krieg zurück in die deutschen Städte trugen, sang Zarah Leander „Ich weiß, es wird einmal ein Wunder gescheh'n".

Offene Propaganda fehlte im Schlager des „Dritten Reichs", aber man merkte der Musik doch die kulturelle Isolation an. Zwar hielten viele Komponisten lange ein erstaunlich hohes Niveau. Aber das „goldene Zeitalter" des Schlagers in den zwanziger Jahren war eben auch dadurch geprägt, dass neue Rhythmen, Stile und Moden, vor allem aus Amerika, integriert und fortgeschrieben wurden. Rumba und vor allem Swing oder Jazz waren in Deutschland nun verpönt oder gar verboten, so dass internationales Flair allein „eingedeutschte", aber hörbare Ausländer wie Marika Röck, Johannes Heesters oder Zarah Leander boten.

Die meisten Künstler hatten während des „Dritten Reichs" ihre Chance genutzt, sich angepasst und die Verfolgung, Vertreibung und Ermordung vieler Kollegen hingenommen. „Beda" alias Fritz Löhner – der erfolgreichste Texter der zwanziger Jahre („Ausgerechnet Bananen") – wurde, wie Richard Fall und Willy Rosen, in Auschwitz ermordet, Fritz Grünbaum in Dachau umgebracht und Erich Knauf wegen „Wehrkraftzersetzung" hingerichtet.

Die militärische Niederlage Deutschlands beendete den nationalsozialistischen Terror und bot dem nun besetzten Land die Chance zum Neuanfang.

„Aua im Kopf“

Als 2022 der Partyschlager „Layla“ der erfolgreichste deutschsprachige Titel des Jahres wurde („Layla, sie ist schöner, jünger, geiler“) und diverse Städte und Gemeinden den simplen Sexismusschlager auf ihren Volksfesten für unerwünscht erklärten, bot „Die Zeit“ dem Layla-Produzenten Ikke Hüftgold (größter Hit bis dahin: „Dicke Titten, Kartoffelsalat“) Platz im Feuilleton für eine Replik auf die Sexismus-Vorwürfe. Der konterte mit der Kunstfreiheit des Grundgesetzes und behauptete: „Kunst, die sich mit Frauen beschäftigt, huldigt ihnen in der Regel.“ So weit, so falsch.

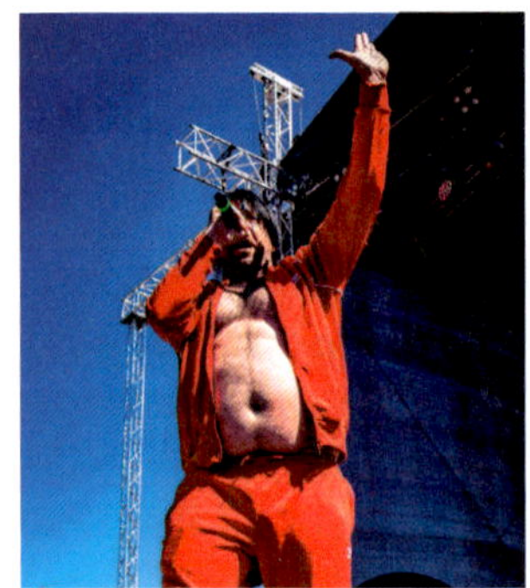

Ikke Hüftgold bei einem Auftritt – „schöner, jünger, geiler“

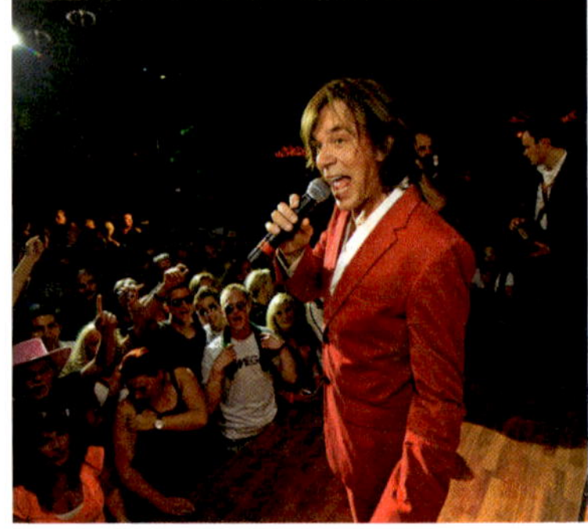

Jürgen Drews bei der Saisoneröffnung am Ballermann 2012

Der in der „Layla“-Debatte oft gehörte Verweis auf den „Skandal im Sperrbezirk“ der Spider Murphy Gang von 1981 geht in die falsche Richtung: Angeprangert wurde damals die behördliche Doppelmoral in der „schönen Stadt“, die 1978 und 1980 die Prostitution fast vollständig in die Außenbereiche Münchens verdrängt hatte. Im bayerischen Radio wurde das Lied wegen des Ausdrucks „Nutten“ nicht gespielt, im übrigen Deutschland schon – und wurde in der Karnevalszeit 1982 Nr. 1 der Singlecharts.

Wenn in der deutschen Gegenwart Mickie Krause, der mit den nackten Frisösen, singt: „Geh' mal Bier hol'n, Du wirst schon wieder hässlich", die 3 Colonias ihrer Begleiterin „Erika" erklären: „Halt's Maul, sei still, ich geh heim, wann ich will" oder Matusa fordert: „Wir wollen fette Mädchen tanzen sehen", dann ist das nicht nur schlechte Musik mit schlichten Reimen, sondern vor allem niederträchtig. Die Banalität und Bösartigkeit („Halt's Maul") dieser Texte sind leider keine Ausnahme, sondern gehören zum gegrölten modernen Party- bzw. Mallorcaschlager fast zwingend dazu. Die männlichen Interpreten spiegeln schon in ihrer meist schlichten Erscheinung die Bedürfnisse des mitgrölenden Publikums nach „Pommes mit Senf" (Robert Haag) und „Saufen morgens, mittags, abends" (Ingo ohne Flamingo). Wenn Mickie Krause von „Jan Pillemann Otze Arsch" singt, erinnert das an den Humor von Kindergartenkindern oder das peinliche Geprotze von 14-Jährigen: „Wir sind auf Malle, nicht in Italien, und wir haben die größten Genitalien" (DJ Düse). Der aggressive Ton des Party-, Malle- oder Saufschlagers kennt denn auch keine Selbstironie, sondern nur noch „Schlampen" und „besoffene Weiber", da reimt sich „Alkohol" auf „Paracetamol" oder „Schnauze voll", denn „wir sind nur besoffene Deutsche / und das ist schön. Olé Olé!"

Immer mittendrin, aber auch nicht richtig zugehörig zu dieser Szene war Jürgen Drews. 1976 hatte er mit „Ein Bett im Kornfeld" seinen einzigen großen Verkaufshit und 1999 sang er „Ich bin der König von Mallorca". Über 50 Jahre fand Jürgen Drews vor allem live statt, auf den Bühnen Mallorcas und diverser TV-Shows. Und obwohl er das Genre des Mallorcaschlagers wesentlich prägte und in Teilen sogar begründete, hielt er doch die ganze Zeit erstaunliche Distanz. Seine Kollegen auf der Insel bewunderten ihn ausnahmslos und suchten seine Nähe, doch er blieb lieber für sich. Auf der Bühne machte er fast alles mit, und doch war der ehemalige Medizinstudent ein gebildeter und politisch interessierter Mensch. Niemals hätte er sein Publikum durch seine

Intellektualität verschreckt, aber seine Zuhörer spürten, dass er nicht zu ihnen gehörte. Er hatte seine Rolle angenommen und mit Professionalität, Ernsthaftigkeit und jungenhaftem Charme ausgefüllt. Sein krankheitsbedingter Abtritt aus der Öffentlichkeit 2022 lässt eine Lücke, die nicht zu füllen ist. Der „Herbergsvater" des Mallorcaschlagers war nicht nur ein guter Musiker (was man seiner Musik meistens nicht anmerkt), sondern vor allem: kein Zyniker.

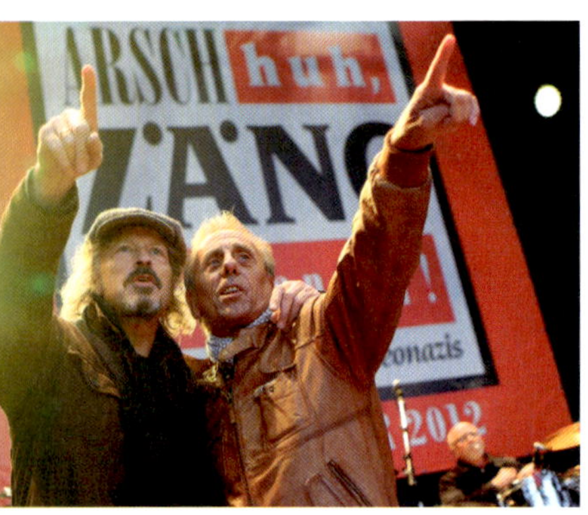

„Arsch huh, Zäng ussenander" – Kölner Musiklegenden gemeinsam gegen Fremdenfeindlichkeit

Ein ganz anderes Konzept des fröhlichen Feierns bietet der Kölner Karnevalsschlager. Die Bläck Fööss, Höhner, Brings, Paveier, Kasalla oder Querbeat sind ausnahmslos Livemusiker, die ihre meistens selbst komponierten und getexteten Lieder vor oft sehr alters- und sozialgemischtem Publikum spielen. Statt ausgegrenzt wie im Partyschlager („Hau doch ab") wird im Karnevalsschlager das Gemeinsame und die Solidarität besungen. Statt eines aggressiven Schlachtrufs – „Wir sind besoffene Deutsche!" – besingen die Bläck Fööss in der inoffiziellen Kölner Stadthymne „Unser Stammbaum" die multikulturellen Wurzeln ihrer Gemeinschaft, seit Jahrhunderten bestehend aus Menschen aus aller Welt und aller Religionen: „Minsche us alle Länder stonn met uns hück an d'r Thek". Und das bleibt das Besondere am rheinischen Blick auf die Welt: der Stolz auf die Vielfalt in der Gemeinsamkeit. Prösterchen!

AHA!

Sängerkrieg der Schlagerhasen

2001 lieferten sich das damalig SPD-geführte Finanzministerium und die Opposition eine heitere musikalische Auseinandersetzung. Zum Sommerfest des frisch nach Berlin umgezogenen Finanzministeriums wurde die Gruppe „Dezibel" beauftragt, für 500 D-Mark ein Lied auf den Finanzminister Hans Eichel zu schreiben und vorzutragen.

„Er – wer sonst?" lobte dann auch die Finanzpolitik des passionierten Sparschweinsammlers in den höchsten Tönen: „Verspricht nichts, was er nicht halten kann, er senkt die Steuern, wo er kann" und dann als Refrain und Höhepunkt: „Er, er ist sparsam, fleißig und manchmal kulant, er, er, er – wer sonst?"

Und wer, wer, wer fand den Schlager nicht ganz so gelungen? Peter Ramsauer, höchst musikalischer Parlamentarischer Geschäftsführer der Unionsfraktion konterte mit einem „Wahren Hans-Eichel-Song": „Hans Eichel will mit Lorbeeren glänzen, sein fades Image mit Lorbeeren kränzen. Doch wer, wer, wer will unser aller Geld? Er, er, er – wer sonst?"

10 Jahre später, Ramsauer war inzwischen Bundesverkehrsminister für die CSU, spielte dieser eine ganze CD „Adagio im Auto" ein, um mit Klavierkonzerten von Mozart Spenden für die „Aktion Kinder-Unfallhilfe" einzuwerben.

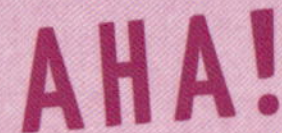

„Sag mir wie“

Wer kennt es nicht – da liegt man in Griechenland am Strand, steht in London am Piccadilly Circus, sitzt im Louvre vor „Le Sacre de Napoléon“ oder fährt mit dem Aufzug des Empire State Building zur Aussichtsplattform empor – und plötzlich denkt man: Wie erkläre ich den Einheimischen meine Passion für deutschen Schlager? Und wie nennt man Schlager überhaupt in der jeweiligen Landessprache? Darum folgend ein kleines Wörterbuch, das auf Reisen oder im internationalen Freundeskreis weiterhilft. Alors, bzw. let's go!

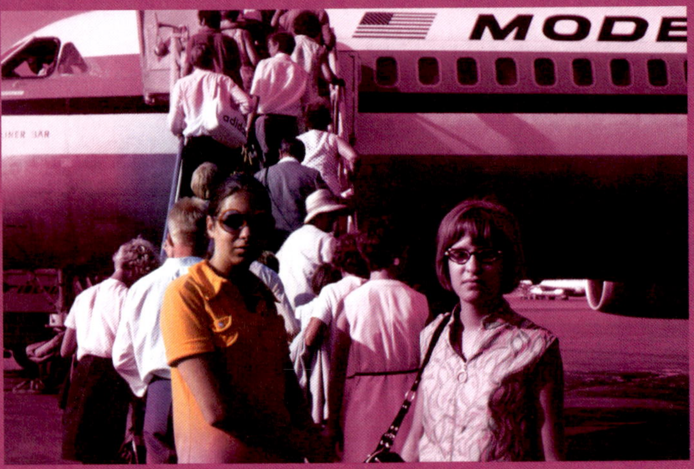

Besser mit Sonnenbrille nach Spanien, wenn dort auch nachts die Sonne scheint …

ENGLAND: das Mutterland des Pop, daher keine Unterscheidung zwischen einheimischen und internationalen Songs. Am einfachsten benutzt man den Begriff „Schlager“ und definiert ihn als „traditional german-language pop music“. Oder singt einfach „Sieben Fässer Wein“.

FRANKREICH: Heimat des Chansons und der exception culturelle. Auch hier hat die Heimatsprache eine wichtige kulturelle

Bedeutung. Das Chanson ist etwas deutlich anderes als der Schlager, am besten übersetzt man mit „la musique de variété", das betont den Gebrauchscharakter der musikalischen Gattung. Oder Sie geben sich vor den Franzosen keine Blöße und reden einfach von „le schlager".

Italien: Heimat der wahrscheinlich singbarsten Sprache der Welt. „La canzone" trifft es ziemlich gut und umfasst ein ähnlich breites Spektrum wie der deutsche Schlager. Fügen Sie noch das Festival di Sanremo dazu, und es kommt zu keinen Missverständnissen mehr. Prego!

Spanien: besitzt eine eigenständige und stolze musikalische Tradition (Flamenco!). „canción de moda", das zeitgenössische Lied, erklärt den Schlager vielleicht am besten, auch wenn viele einfach „Éxito" sagen und damit ein aktuelles, erfolgreiches Lied meinen. Im Zweifel singen Sie einfach „Viva Espana" (Sie wissen schon: „Die Sonne scheint bei Tag und Nacht, der Himmel weiß, wie sie das macht.") – das kennt auch in Spanien wirklich jeder!

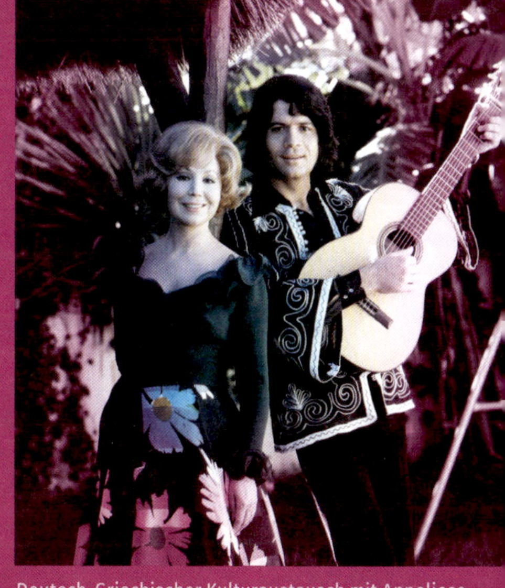
Deutsch-Griechischer Kulturaustausch mit Anneliese Rothenberger und Costa Cordalis

Griechenland: Heimat der abendländischen Kultur und von Costa Cordalis und Vicky Leandros. Leider mit eigenem, nichtlateinischem Alphabet, daher ist der Begriff „nychterída" für Schlager auch nur eine phonetische Annäherung. Bitte tragen Sie nach dem dritten „Ouzo aufs Haus" lauthals „Griechischer Wein" von Udo Jürgens vor – ist in Hellas tatsächlich der mit Abstand bekannteste deutsche Schlager. Heureka!

Heimat, Italien und die Ferne – die fünfziger Jahre

1945 war die durch die nationalsozialistische Kulturpolitik erzwungene kulturelle Isolation Deutschlands schlagartig zu Ende. Die Rundfunkstationen standen ausnahmslos unter alliierter Kontrolle und spielten in den westlichen Besatzungszonen Musik aus England und vor allem aus den USA. Alles, was als „entartete“ Musik verboten gewesen war, bestimmte nun das Radioprogramm.

Die starke Amerikanisierung der ersten Nachkriegsjahre mit ihrer rasanten Modernisierung und Beschleunigung förderte unbewusst eine musikalische Gegenbewegung: die Heimatwelle. Die Sehnsucht nach unbeschädigter ländlicher Idylle war groß – der erste deutsche Farbfilm nach dem Krieg, den bereits im ersten Jahr 1950 über 16 Millionen Zuschauer sahen, war das „Schwarzwaldmädel“. Der Film bot eine unversehrte, heile Welt, einen Kosmos, wie geschaffen für ein Genre, das dem sentimentalen Schlager zu einmaliger Blüte verhalf: dem Heimatschlager.

Bill Haley brach dann Mitte des Jahrzehnts in die heile deutsche Welt ein. Der Film „Saat der Gewalt“ hatte in den USA Krawalle ausgelöst, und so stürmten auch die deutschen Teenager die Kinos, um zu den kurzen Musiksequenzen zu tanzen und sich nach amerikanischem Vorbild die Bestuhlung um die Ohren zu schlagen. Der größte Schlagererfolg der fünfziger Jahre war dann aber ein Jahr später Freddy Quinn mit „Heimweh“. Aufgeschreckt durch den amerikanischen Rock’n’Roll schlug der Heimatschlager den Weg nach Innen ein, in die sentimentale Innerlichkeit des deutschen Gemüts. Freddy Quinn galt fortan als Archetyp des ewig heimatlosen und traurig suchenden Parsivals. Seine weiteren Nr.1-Hits waren imagegemäß produziert: „Heimatlos“ (1957),

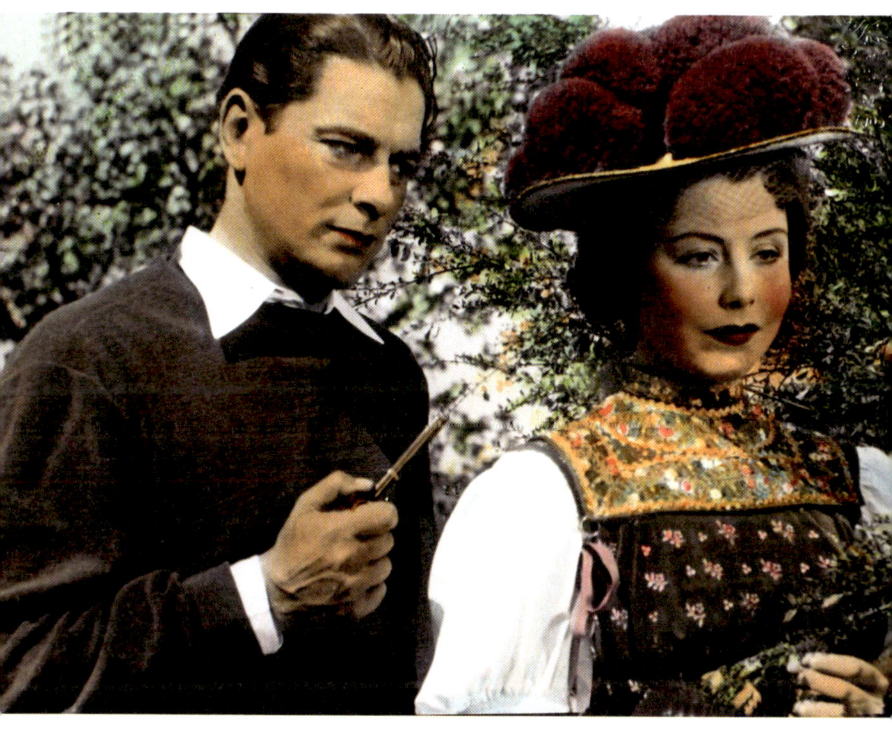

Rudolf Prack als Künstler (Pfeife!) und Sonja Ziemann als Schwarzwaldmädel (mit Hut)

„Ich bin bald wieder hier" (1958), „Unter fremden Sternen" (1959) und schließlich „Junge, komm bald wieder" (1962).

1957 gewann Adenauer bei der Bundestagswahl die absolute Mehrheit, während die Vertriebenenorganisationen nicht mehr in den Bundestag gewählt wurden. Die „alte Heimat" der Schlager und des Films war nur noch eine sentimentale Erinnerung und kein konkreter Ort mehr, an den man bereit war, unverzüglich zurückzukehren. Die Heimatwelle war so zu einem Reflex der Ablösung geworden. Paradoxerweise brachten die fünfziger Jahre neben der biedermeierlichen Heimatbeschwörung eine Masche hervor, die scheinbar in die entgegengesetzte Richtung führte: die Sehnsucht nach der Ferne – Italien und Hawaii.

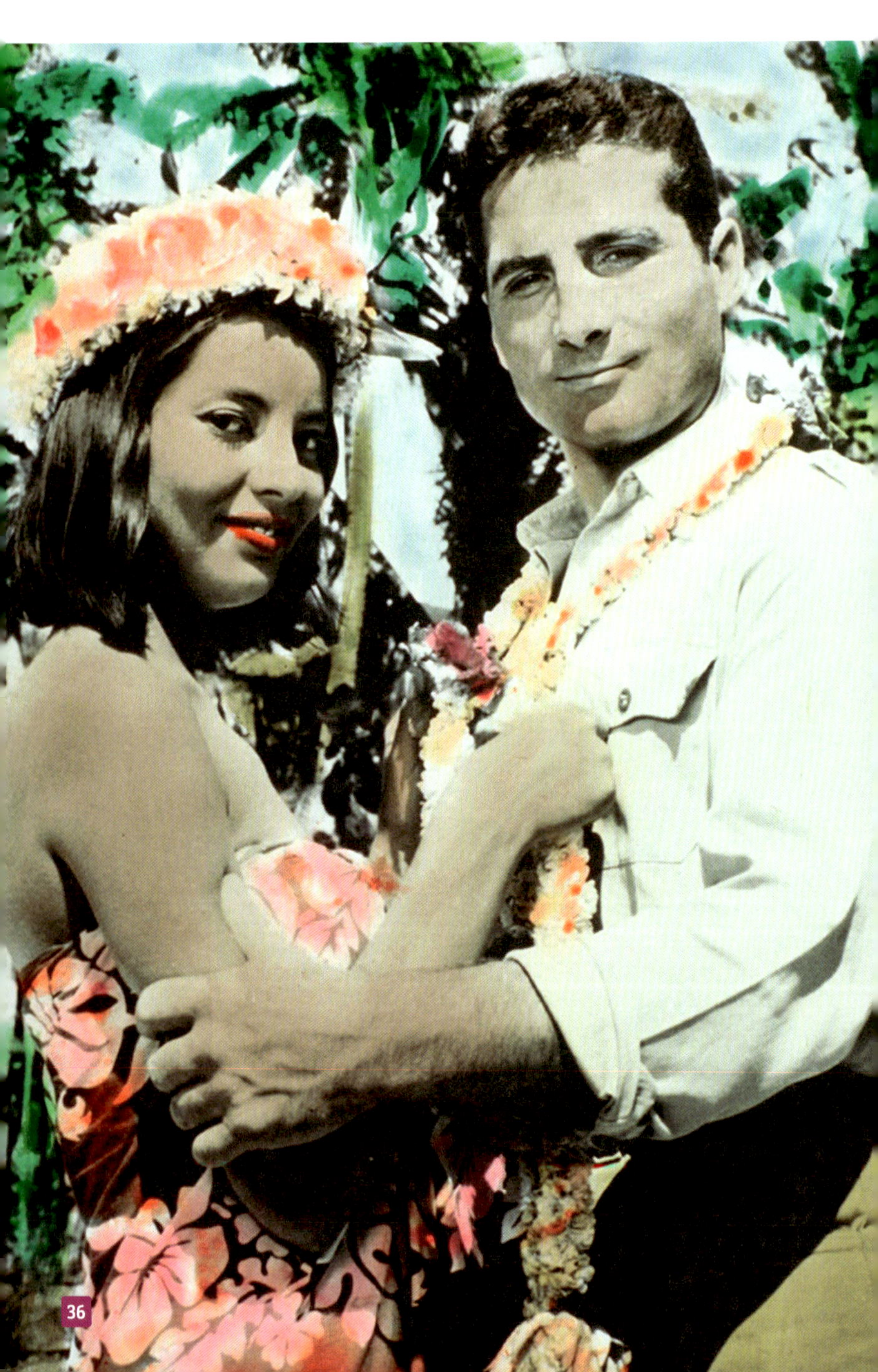

Italien hatte in den beiden letzten Kriegsjahren unter deutscher Besatzung, massiven Kriegshandlungen und brutalen deutschen Vernichtungsfeldzügen gegen Partisanen schwer gelitten. Als Tourist zurückgekehrt, wünschte man nun als willkommener Gast empfangen zu werden. Die große Verdrängung der jüngeren Vergangenheit umfasste so auch das Verhältnis zu den Urlaubsländern. Und so sangen Peter Alexander, Caterina Valente und Silvio Francesco 1955 in „Komm ein bisschen mit nach Italien“: „Und wir tun, als ob das Leben eine schöne Reise wär“.

Scheinbar völlig gegensätzlich in ihren unterschiedlichen Schauplätzen bildeten Fernweh-, Italien- und Südseeschlager doch alle das gleiche Grundmuster aus: das der Sehnsucht. Und ähnlich der deutschen Heimat und der Landschaften Italiens konstruierte der Südseeschlager imaginäre Idyllen: weiße Sonnen, rote Lippen, hinausfahrende Boote und Gesang. Die Sehnsucht nach Liebe, Treue, der Heimat oder der Ferne wurde stets gespeist von der Melancholie einer Gesellschaft, die sich, atemholend im Wirtschaftswunder, der eigenen Vergangenheit nicht stellen wollte.

Der Film „Freddy und das Lied der Südsee“ erledigt alle Klischees von Fernweh, Sehnsucht, Heimat und Meer auf einmal.

Die neue Vielfalt

Versuche des klassischen deutschen Schlagers, gleichgeschlechtliche Liebe zu besingen, gab es schon in den siebziger Jahren des 20. Jahrhunderts. Bernd Clüver („Der kleine Prinz") besang 1976 in „Mike und sein Freund" eine schwule Liebe, die tragisch durch Selbstmord endete. Clüvers Karriere war damit ruiniert, der Titel wurde im Radio und der „ZDF- Hitparade" nicht gespielt. Clüver musste immer wieder erklären, dass er „so" nicht sei. Sein Image als sanfter und sensibler Typ wurde ihm nun zum Verhängnis.

In den frühen neunziger Jahren versuchte der Filmemacher Rosa von Praunheim, durch öffentliches Outing homosexueller Stars die Sichtbarkeit und Akzeptanz schwuler Liebe zu verbessern. 1990 war Tony Holiday („Tanze Samba mit mir") an Aids verstorben, Jürgen Marcus („Eine neue Liebe ist wie ein neues Leben") bekannte sich 1991 zu seiner Liebe zu Männern. Dramatischer waren dann Ende der neunziger Jahre die Folgen für Patrick Lindner nach seinem Zwangsouting durch die „Bild". Lindner war einer der erfolgreichsten deutschen Schlagersänger und für die Öffentlichkeit, wie er selbst es formulierte, „der Typ idealer Schwiegersohn". Nun fühlten sich viele Schlagerfans um ihre Illusionen gebracht, Lindners Popularität brach dramatisch ein, er „fühlte sich wirklich verloren (...) und einsam". Aber die Zeiten hatten sich doch geändert: spätestens, als der Berliner Bürgermeisterkandidat Klaus Wowereit sein berühmtes: „Ich bin schwul – und das ist auch gut so" formulierte. Wowereit gewann die Berliner Wahl und zeigte so auch, das sich das gesellschaftliche Klima, auch durch Gleichstellungsgesetze der neuen rot-grünen Bundesregierung, geändert hatte. Patrick Lindner konnte sich aus seinem Karriereloch herausarbeiten, sprach nun offensiv über sein Schwulsein und adoptierte mit seinem Partner ein Kind. Heute versteht sich Patrick Lindner auch als Binde-

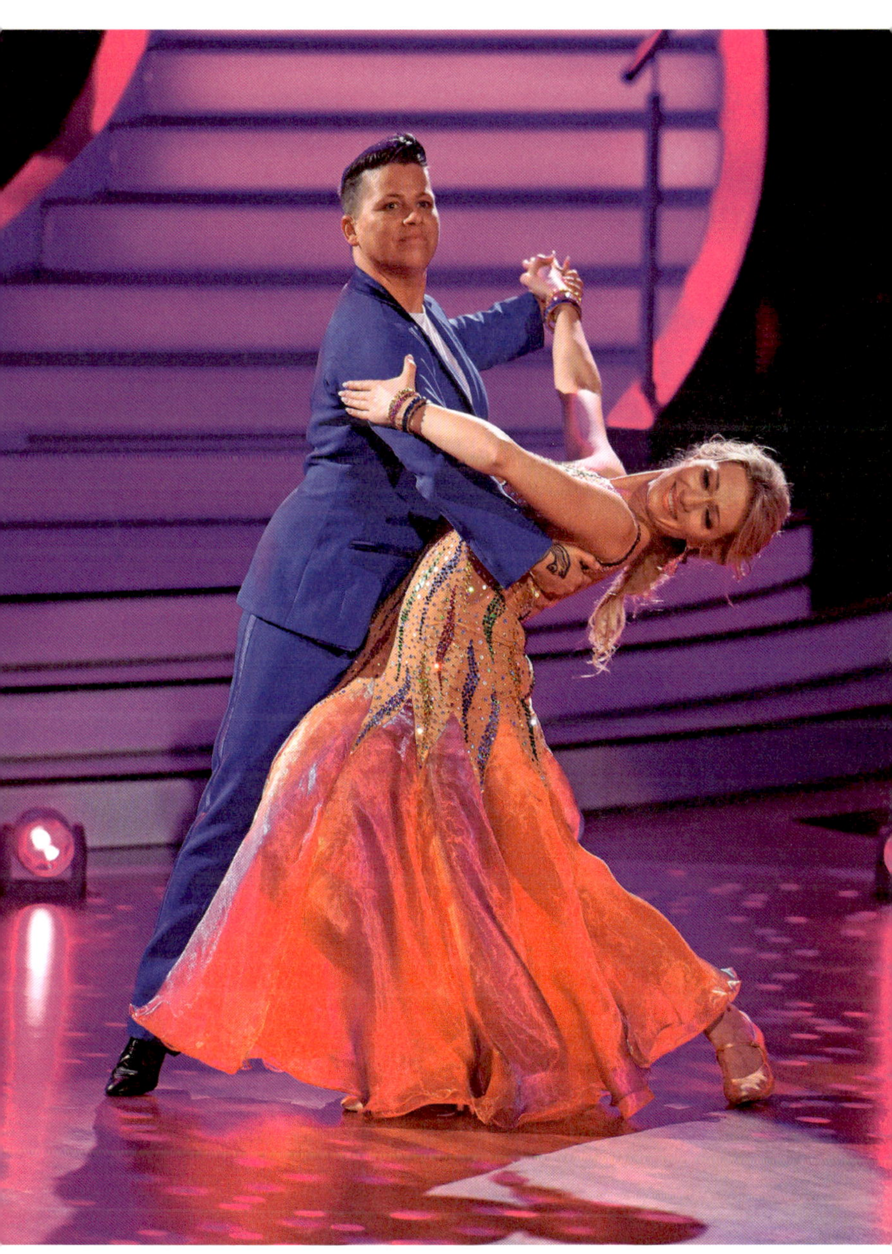

Tanzte als erste und einzige Frau bei „Let´s Dance“ mit einer Frau: Kerstin Ott

glied zwischen homosexueller Community und eher konservativer Hörerschaft. Seine „Patrick Lindner Stiftung“ unterstützt explizit homo- oder transsexuelle Jugendliche auf ihrem Weg. So mutig und frei Lindner sich als Person bewegt, seine Schlagertexte bleiben davon unberührt, Titel wie „Das Leben hat uns bunter gemacht“ spielen nur indirekt auf die Lebensumstände des Sängers an.

Kerstin Ott hatte mit „Die immer lacht“ den erfolgreichsten Schlager des Jahres 2016 geschrieben, erhielt dafür eine dreifach-Platin-Schallplatte und wurde beinahe über Nacht eine der erfolgreichsten deutschen Schlagersängerinnen. Von Anfang an lebte Ott ihre Homosexualität mit großer Selbstverständlichkeit aus. Als sie ihre langjährige Partnerin 2017 heiratete, wurde darüber in den bunten Blättern ausführlich und mit großer positiver Anteilnahme berichtet. Im nächsten Jahr besang Ott in einem Duett mit Helene Fischer in deren TV-Show mit ihrem Titel „Regenbogenfarben“ die Normalität einer Regenbogenfamilie. „Er und Er“, „Sie und Sie“ als Eltern, „alles ganz normal“, denn „wir woll'n sie überall, Regenbogenfarben“. Das Duett mit Helene Fischer aus ihrer Weihnachtsshow verkaufte 400.000 Einheiten und erreichte eine Platin-Schallplatte. Das moderne, bunte Deutschland war in der Wirklichkeit des deutschen Schlagers angekommen und – äußerst erfolgreich. Als 2019 Kerstin Ott an der Tanzshow „Let's dance“ teilnahm, tanzte sie als erste und bisher einzige Teilnehmerin sämtliche Tänze mit einer Frau. Diese lässige, beiläufige und doch so wirkungsmächtige Geste zeigte eben auch, wie sich die gesellschaftliche Wirklichkeit in Deutschland verändert hatte. Patrick Lindner tanzte 2012 bei seiner „Let's dance“-Teilnahme noch mit einer Frau.

2021 schließlich setzte Kerstin Ott ihr persönliches Ausrufezeichen mit „Der Morgen nach Marie“. Aus der Perspektive einer Barfrau beschreibt sie die genannte Marie, die reihenweise nicht nur die Herzen der Männer bricht: „Mach dir nichts draus, mein Freund, da bist du nicht allein, ich war selbst in sie verliebt“.

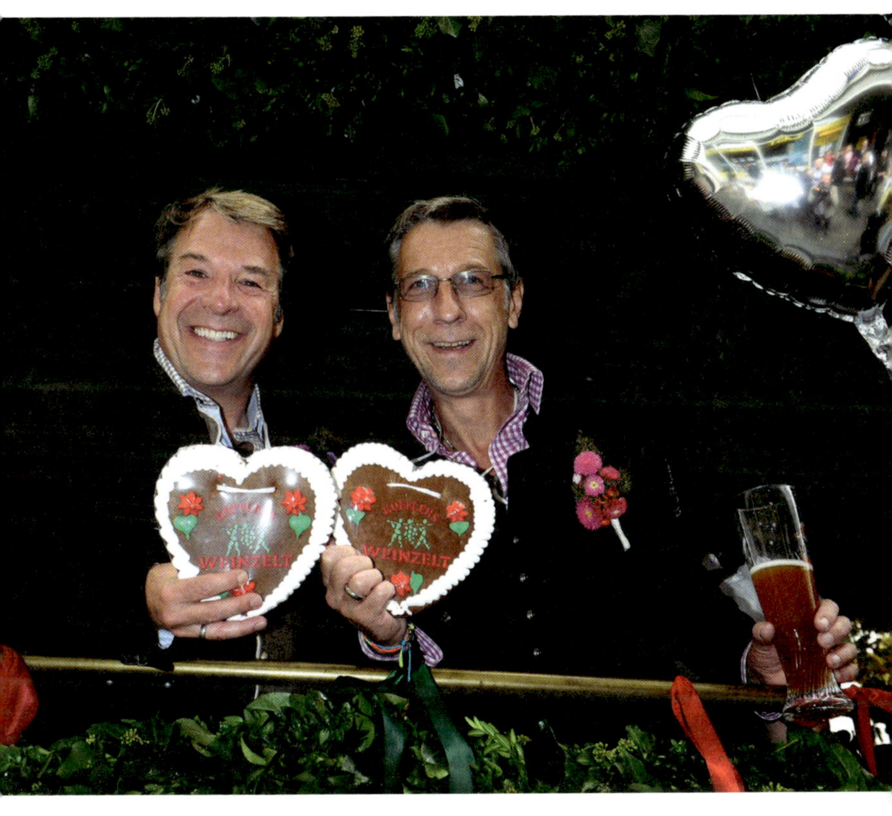

Patrick Lindner mit Ehemann Peter Schäfer bei Wiesn-Eröffnung

Ob hetero-, homo-, bisexuell oder polyamor: Letztlich sind dies alles lediglich Spielarten der Liebe, ausgelöst durch die gleichen Sehnsüchte und endend mit den gleichen gebrochenen Herzen. Das ist das Neue in den Texten von Kerstin Ott – die Normalität der unterschiedlichen Spielarten der Liebe, gesungen auf großen Bühnen neben Helene Fischer oder Howard Carpendale und mitgesungen von einem gemischten Publikum. So kommen alle an in einer neuen, besseren Zeit. Hinter die Standards dieser neuen Normalität wird man, auch dank solcher Schlager, nicht mehr zurückfallen können.

„Dann macht es bumm"

1974 stand ein teures Heimturnier für den Deutschen Fußballbund an: die Fußballweltmeisterschaft im eigenen Land. Die Zeiten waren modern, die Zeiten waren jung und man brauchte das Geld.

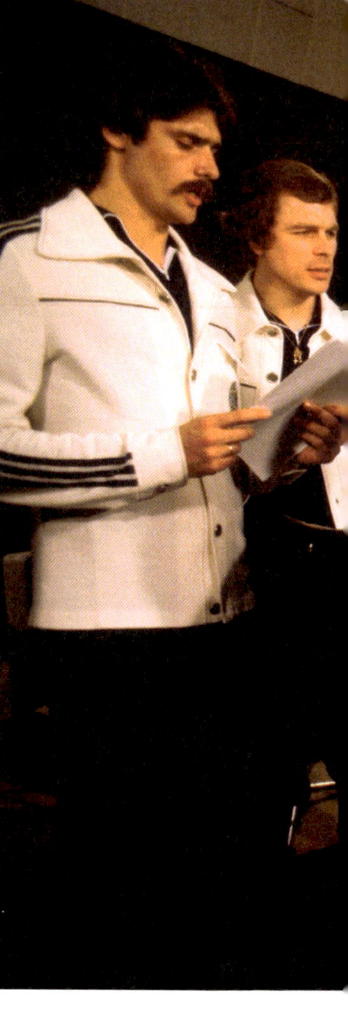

Der DFB beauftragte einen ehemaligen Kölner Fußballprofi und inzwischen äußerst erfolgreichen Schlagerproduzenten, der als junger Schlagersänger den gleichen Manager wie Roy Black hatte und deswegen den Künstlernamen Jack White bekam. White, später mit über 400 Gold- und Platin-Auszeichnungen einer der erfolgreichsten Musikproduzenten, schrieb und produzierte den ersten offiziellen Titel der deutschen WM-Historie: „Fußball ist unser Leben". Angelehnt an seinen Tony Marshall-Stimmungsklassiker „Schöne Maid", ließ White eine ganze Langspielplatte mit dem inbrünstigen Chorgesang der deutschen Fußballnationalmannschaft aufnehmen. Die Mannschaft trat in diversen Fernsehshows auf, scheiterte zwar knapp an der Goldenen Schallplatte, aber errang fußballerisch den Sieg im Finale von München. Das Erfolgsmuster war nun vorgegeben – 1978 sang die deutsche Elf „Buenos Dias Argentina" mit Vorsänger Udo Jürgens, der so seine

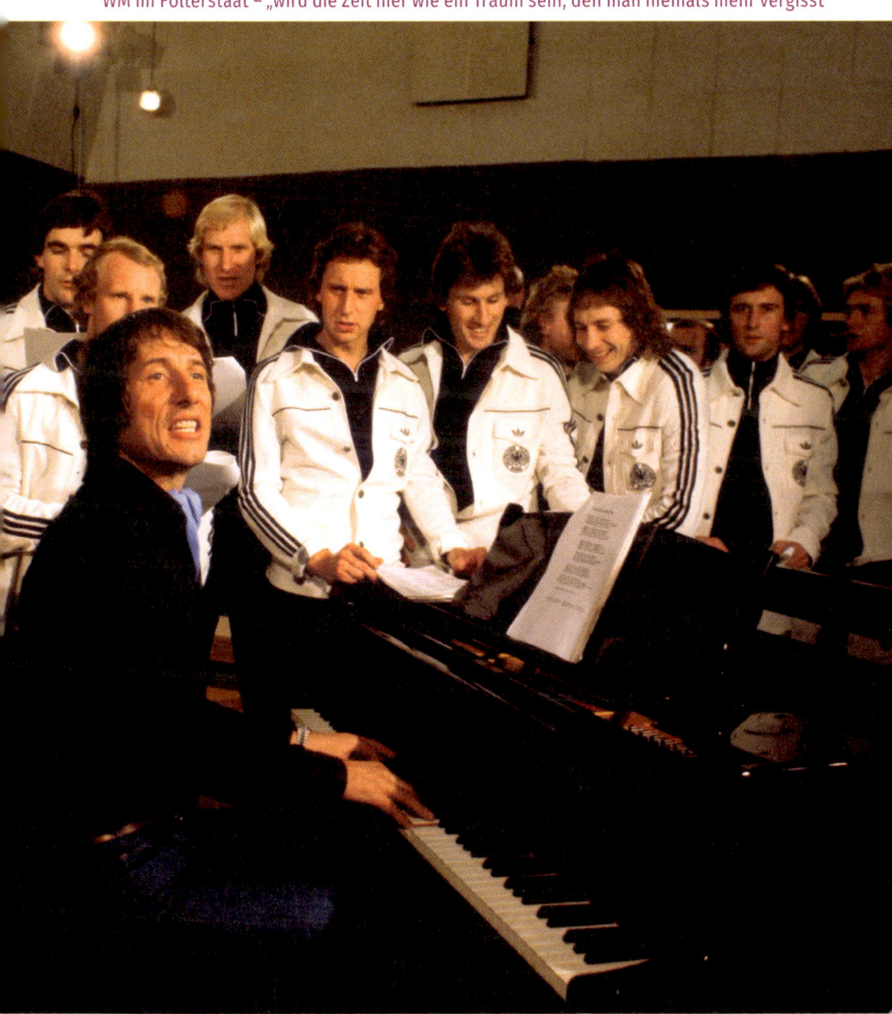

erfolgreichste Schallplatte einsang. Der kommerzielle Höhepunkt der deutschen Weltmeisterschaftsschlager war später allen Beteiligten hochpeinlich, hatte man doch die katastrophale Menschenrechtslage in dem südamerikanischen Land einfach ignoriert: Eine camarilla argentinischer Militärs hatte sich blu-

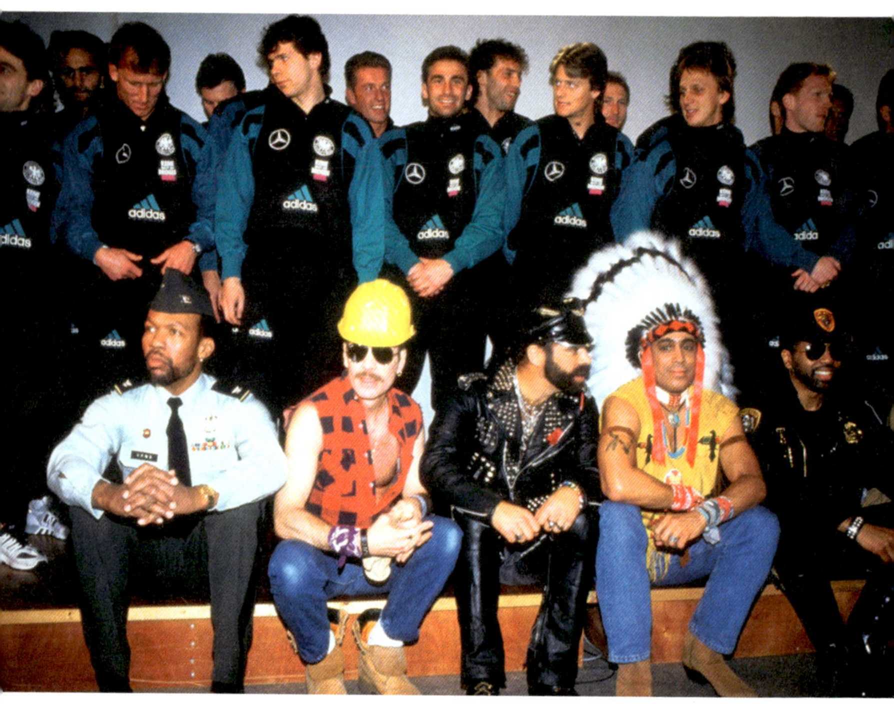

Keine Regenbogenbinde, dafür singt die Mannschaft mit Ledermännern und Bauarbeitern.

tig an die Macht geputscht und überzog das Land mit Folter und brutalen Morden.

„Buenos Dias Argentina / So heißt meine Melodie / Und sie soll uns zwei verbinden / Mit dem Band der Harmonie".

1982 hatte Michael Schanze mit „Olé Espania" für die WM in – Überraschung! – Spanien seinen größten Hit, bis Peter Alexander vier Jahre später mit der Hymne „Mexico mi amor" zum letzten Mal das alte Erfolgsrezept variierte: ein etablierter Schlagersänger im Vordergrund, die deutsche Fußballmannschaft als Hintergrundchor. Das dazu produzierte Video, bis heute unbedingt sehenswert, zeigte eine Performance aus einer unschuldigen Zeit, als der Begriff der „kulturellen Aneignung" noch völlig unbekannt war: Toni Schumacher spielt scheinbar ein

Trompetensolo (Mariachi-Musik?), Lothar Matthäus und Pierre Littbarski tragen riesige Sombreros über gewebten Ponchos.

„Sombreros verbergen / den Stolz in den Augen / der einsamen Männer“.

Peter Alexander trägt zum dunklen Anzug mit Krawatte leuchtend weiße Sportsocken, die Spieler von Teamchef Franz Beckerbauer dazu dunkelblaue Strickjacken. Man ahnte, dass 1986 eine unschuldige Ära zu Ende ging.

„Wir sind schon auf dem Brenner“ mit Udo Jürgens war dann schon ein Lied, das die bekannte Gegenwart auf dem Weg nach Italien besang („Süden voraus und im Tunnel sind Staus“) und die späteren WM-Helden unverkleidet in bunten Trainingsanzügen zeigte: deutlich befreiter auftretend, lässig in den Hüften schwingend im glücklichen Jahr 1990 mit deutscher Wiedervereinigung und Titelgewinn.

Auf die lässige „Kaiser Franz“-Zeit des deutschen Fußballs folgte der biedere Berti Vogts. 1994 fuhr man zur Weltmeisterschaft in die USA, musikalisch begleitet durch die Village People. Als „Far away in America“ in Thomas Gottschalks „Wetten dass..?“ vorgestellt wurde – diesmal trug die Nationalmannschaft schmal geschnittene Anzüge und Krawatte –, war alles komplett aus der Zeit gefallen: Offenbar hatte niemand die älteren Herren des DFB darüber aufgeklärt, das die Village People in ihren bunten Verkleidungen diverse maskuline Stereotypen der schwulen Subkultur darstellten. Nur der bei der TV-Präsentation neben Thomas Gottschalk stehende und als Schiedsrichter kostümierte Harald Schmidt schien diabolisch lächelnd das Ganze in seiner grotesken Ungleichzeitigkeit zu begreifen.

In den folgenden Turnieren und bis in die Gegenwart etablierte sich bald eine Unübersichtlichkeit der neuen Fußballlieder bzw. -schlager. 2006 sang Herbert Grönemeyer offiziell mit „Zeit, dass sich was dreht“ das rhythmisch schwierige „Legt die Welt an den Punkt / Geduld ist ungesund“, während das Publikum dieses Märchensommers die Sportfreunde Stiller mit „54, 74, 90, 2006“ bevorzugte, das witzigste, klügste und wandel-

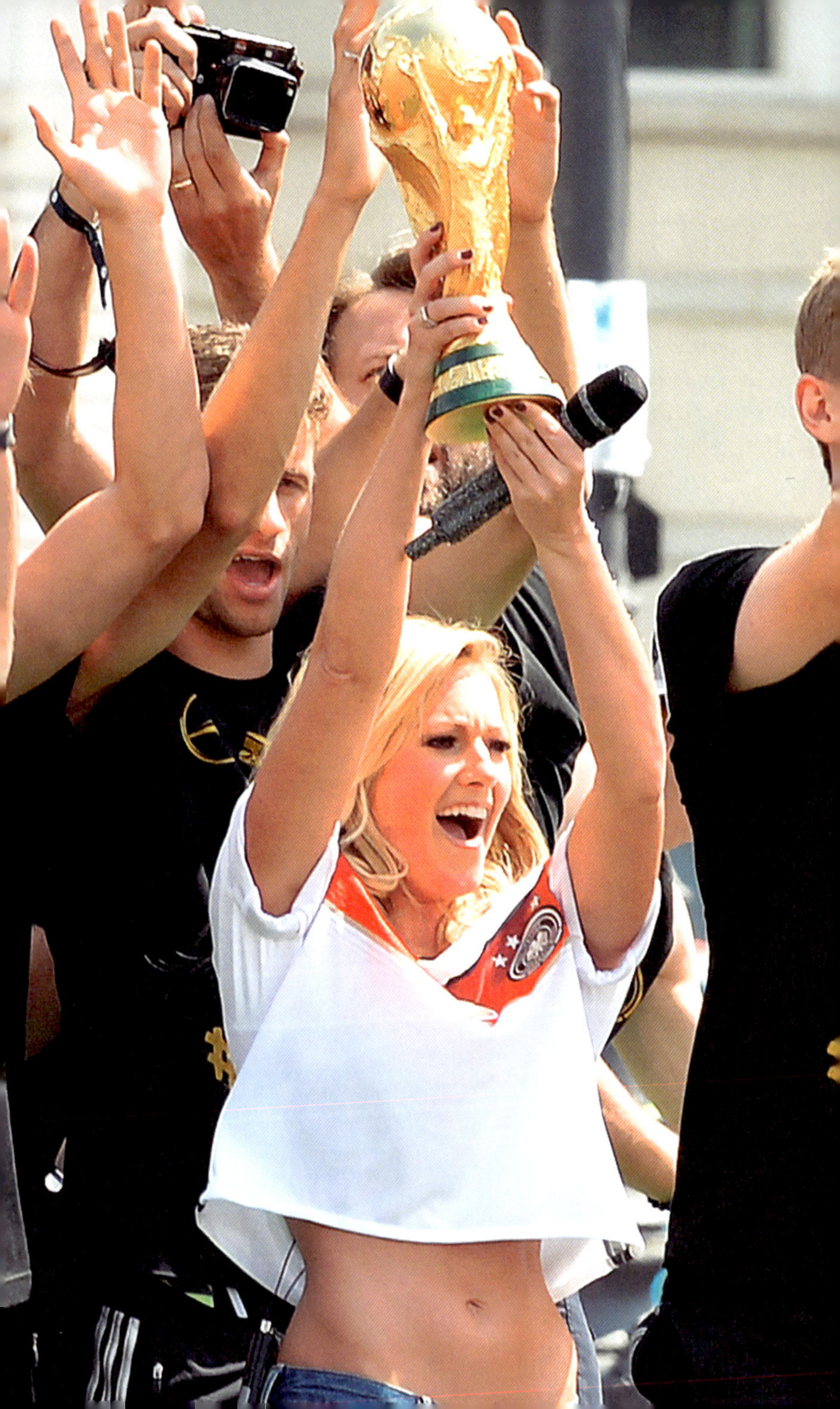

barste Lied der deutschen Fußballhistorie. Die Spieler selbst entschieden sich für Xavier Naidoo und „Dieser Weg“: „Dieser Weg / wird kein leichter sein, dieser Weg wird steinig und schwer.“

Inzwischen gibt es unzählige offizielle und halboffizielle nationale und internationale Titel zu Fußballturnieren. Die gesellschaftliche Tribalisierung, also Zergliederung in immer kleinere soziale Gruppen, akzeptiert keine „von oben“ gesetzten offiziellen Lieder zur WM mehr. Die sozialen Medien setzen nun die Trends, keine Programmdirektoren.

Als die deutsche Mannschaft 2014 Fußballweltmeister wurde, gab es kein offizielles Lied der Nationalmannschaft mehr: Die ARD spielte bei ihren WM-Übertragungen „Auf uns“ von Andreas Bourani, während die Spieler in Brasilien lieber Helene Fischers „Atemlos durch die Nacht“ hörten. Und so traten bei der Begrüßung der „WM-Helden“ auf der Berliner Fanmeile einfach beide Künstler auf – Bourani stimmungsvoll, aber angesichts der Menge von Zuschauern etwas zitterig. Dann wird die „Lieblingsdame der deutschen Fußballnationalmannschaft“ angekündigt und Helene Fischer singt, umringt von entfesselt tanzenden und mitsingenden Weltmeistern auf der Bühne vor dem Brandenburger Tor ihren Megahit. „Atemlos durch die Nacht, spür was Fußball mit dir macht“ – es sind nur wenige spontane Textänderungen, die Helene Fischer in ihren Vortrag einbaut, aber es funktioniert. Die Königin regiert auch hier in der deutschen Hauptstadt, der Triumph der deutschen Mannschaft wird auch zu ihrem. Als Bastian Schweinsteiger ihr am Ende des Lieds den WM-Pokal in die Hände drückt, reckt sie diesen unter dem lauten Jubel aller in die Höhe. Als blonde „Germania“ im knapp geschnittenen Deutschlandtrikot repräsentiert Helene Fischer in diesem Augenblick das siegreiche, aber sympathische Deutschland. Ihre Regentschaft dauert bis heute.

„Germania“ Helene mit WM-Pokal

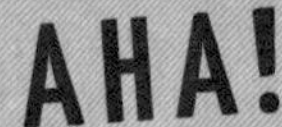

Sieben Fässer Wein im deutschen Bundestag

Zum 1. April des Jahres 2014 bewies die Grünen-Fraktion des deutschen Bundestages erstaunliche Humor- und auch Schlagerkompetenz.

Anlässlich eines angeblichen 25-jährigen Jubiläums des (ausgedachten) „UNESCO-Jahrestages zur Präservation populärkulturellen Liedguts" wird eine – natürlich auch nichtexistierende – Passage einer dazugehörigen UN-Resolution zitiert, die „eine stärkere Problematisierung von Fragestellungen im Hinblick auf die Erschaffung von immateriellen Gütern vor allem unter Berücksichtigung von traditionellem und progressivem Liedgut" fordert.

In einer kleinen Anfrage stellte die Grünen-Fraktion der Bundesregierung darauf bezugnehmend unter anderem folgende Fragen (Drucksache 18/1111):

- Teilt die Bundesregierung die Auffassung der Fragesteller, dass sieben Fässer Wein nicht gefährlich sein können?
- Hat die Bundesregierung Erkenntnisse darüber, was Liebe ist (bitte nach Bundesministerien aufschlüsseln)?
- Gibt es von Seiten des Deutschen Wetterdienstes Aufschlüsse darüber, wann es mal wieder richtig Sommer wird?
- Wenn ja, wann?
- Wenn nein, warum regnet es dann immer auf uns?
- Gibt es im Bundesverkehrswegeplan für das Jahr 2014 eine voraussichtliche Schätzung, wie viele Wege ein Mann gehen muss, bevor man ihn einen Mann nennen kann?
- Wenn nein, warum nicht?
- Wenn ja, wann ist ein Mann ein Mann?

- ▶ Ist der Bundesregierung eine gewisse Alice bekannt, und wenn ja, wer ist Alice?
- ▶ Hat die Bundesregierung Erkenntnisse über den Aufenthaltsort der Blumen, der Mädchen und der Männer?
- ▶ Hat die Bundesregierung eine Prüfung veranlasst, wer die Kokosnuss geklaut hat?
- ▶ Wenn ja, wer hat die Prüfung veranlasst, und welche Ergebnisse ergab die Prüfung?
- ▶ Ist im Hinblick auf den demografischen Wandel aus Sicht der Bundesregierung geklärt, wer für immer leben will, und wird dies durch die Rentenkasse gedeckt?
- ▶ Hat die Bundesregierung Erkenntnisse darüber, wer die Hunde herausgelassen hat?
- ▶ Welche Pläne hat die Wasser-und Schiffsverwaltung des Bundes in dieser Legislatur konkret im Hinblick darauf, was mit dem betrunkenen Seemann passieren soll?
- ▶ Welche Erkenntnisse hat die Bundesregierung über den Verbleib der amerikanischen Ureinwohner, im Volksmund „Indianer“ genannt?

Die offizielle Antwort (Sonder-Drucksache 18/1234) vom 17.4.2014:

„Die Fragen werden aufgrund des Zusammenhangs gemeinsam beantwortet. Die Bundesregierung ist zu der Erkenntnis gelangt, die Antwort, mein Freund, wisse ganz allein der Wind.“

Eine Quote für den deutschen Schlager?

Rettet eine verpflichtende Anzahl heimatsprachiger Titel im Radio die autochthone Kultur? Wohl nicht!

Befeuert vom angeblichen Erfolg Frankreichs, das dank seiner Rechtskonstruktion einer exception culturelle Kulturprodukte als besonders förderungswürdig definiert, fordern unterschiedliche politische Lager auch in Deutschland seit Jahrzehnten immer wieder eine Quote für heimische Musik. 1994 hatte Frankreich eine Quote für heimische Musik eingeführt. Die Radiosender wurden dazu verpflichtet, 40% französischsprachige Musik zu senden, wobei geringe Abweichungen nach oben oder unter möglich waren. Fast 10 Jahre später waren tatsächlich fast 60% der in Frankreich verkauften Produktionen französischen Ursprungs. Als zu Beginn der nuller Jahre auch in Deutschland die CD-Verkäufe immer weiter zurückgingen (fast jeder Computer konnte inzwischen CDs kopieren) griff die Politik diese Regelung auch in Deutschland auf. Bereits 1996 forderten deutsche Musiker ähnliche Regelungen wie in Frankreich, doch erst 2003 regte die bayerische CSU eine „angemessene Berücksichtigung“ deutschsprachiger Titel in den Programmen des Bayerischen Rundfunks an. Ende 2004 dann sprachen sich Teile der rot-grünen Bundesregierung für eine Quotierung „ähnlich der in Frankreich“ aus – und zwar für öffentlich-rechtliche und private Radiosender. Die Bundestagsvizepräsidentin Antje Vollmer (Grüne) erläuterte im „Spiegel“, die „oligopole Struktur des internationalen Musikgeschäfts und ihrer Reproduktion durch die Medien“ bekämpfen zu wollen, unterstützt vom Bundestagspräsidenten Wolfgang Thierse (SPD), der vor der „Allmacht des amerikanischen Kulturimperialismus“ warnte.

Jürgen Rüttgers fördert begeistert deutsches Liedgut.

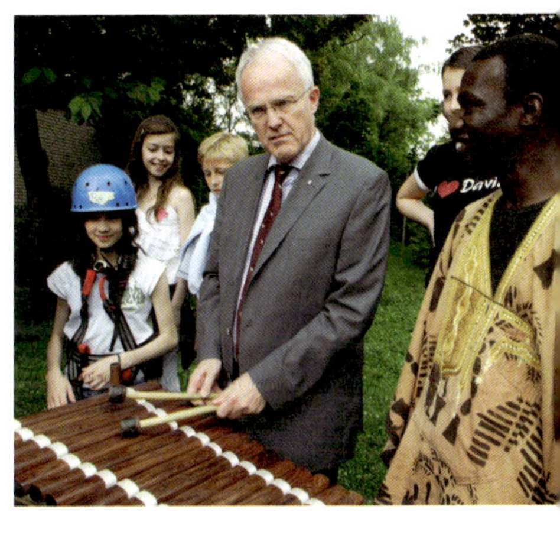

2010 kündigte der NRW-Ministerpräsident Rüttgers im Wahlkampf an, „ein umfassendes Programm zur Förderung des deutschen Liedguts (zu) entwickeln" und sprach von „kulturellem Reichtum", der verloren zu gehen drohe. Wieder einmal drohte der Untergang des Abendlandes, drohte „der Ami" die „deutsche Kultur" zu zerstören oder zumindest zu verdrängen. Und die deutsche Politik von links bis konservativ hatte die Lösung: Vorschriften und Regeln (modern „freiwillige Selbstverpflichtung" genannt), da die musikhörende Jugend die „falsche" Musik genoss. Unterdessen hatten sich die nationalen Musiklandschaften abermals gewandelt. Der Siegeszug des Hip-Hops hatte in Frankreich und Deutschland die jeweilige Landessprache durchgesetzt – es rappt sich nun mal am besten in der Muttersprache – ganz ohne Quote auch in Deutschland. Die europaweite Großstudie „Musikquoten im europäischen Radiomarkt" von Goldmedia hat dann detailliert die Musikmärkte und Radiolandschaften diverser europäischer Länder untersucht und war zu dem eindeutigen Ergebnis gekommen, dass Radioquoten keinen direkten Einfluss auf den Absatz von Tonträgern nationaler Künstler haben. 2015 hinderte diese Erkenntnis den Junge Union-Vorsitzenden von Mecklenburg-Vorpommern, Franz-Robert Liskow, nicht, erneut via „Bild"-Interview eine Quote von „mindestens" 35% für den deutschen Schlager im Radio zu fordern – Abendland gerettet!

Das moderne Deutschland entsteht – die sechziger Jahre

Im Rückblick erscheinen die sechziger Jahre merkwürdig verkürzt: reduziert auf die Zeit zwischen Adenauers Rücktritt 1963 und der Wahl Willy Brandts 1969 – und gespiegelt um die Revolte der Jugend und das magische Datum 1968. Typisch für dieses Jahrzehnt war die Gleichzeitigkeit von Gegensätzen, großen Veränderungen und starken Beharrungskräften: Gitte und Konrad Adenauer, Freddy Quinn und die Beatles, Heintje und Rudi Dutschke.

Ende der fünfziger Jahre war das Zeitalter des Rock'n'Roll in den USA vorbei: Elvis musste zur Armee, der allgemeine Plattenverkauf brach ein und John F. Kennedy wurde 1960 zum Präsidenten gewählt. Die Revolte der Jugend, wesentliche Triebfeder des Rock'n'Roll, hatte sich verändert: In Deutschland wurden die Volksliedbearbeitungen „It's now or never" (nach „O sole mio") und „Wooden Heart" (nach „Muss I denn") die größten Erfolge für Elvis, und Gerhard Wendland packte seinen Tanztee-Charme aus und sang „Tanze mit mir in den Morgen", eine letzte und höchst erfolgreiche Besinnung auf den Kavalier alter Schule.

1963 trat Adenauer dann als Kanzler zurück, Gitte forderte „Ich will 'nen Cowboy als Mann" und Rita Pavone beschrieb in „Wenn ich ein Junge wär" ihren Traum der Gleichberechtigung. Dieser freche Ton war neu im Nachkriegsschlager – und er war erfolgreich! Freddy mit „Junge, komm bald wieder", neben Gitte der zweite Riesenerfolg dieser Zeit, beharrte zum letzten Mal auf den alten Tugenden: ein romantischer Widerspruch gegen die aufbrechende neue Zeit. Diese neue Zeit brachte den Beat auch nach Deutschland und setzte in kürzester Zeit die englische Sprache durch. Hatten sogar die Beatles oder Cliff Richard anfänglich noch deutsch singen müssen („Komm gib mir deine

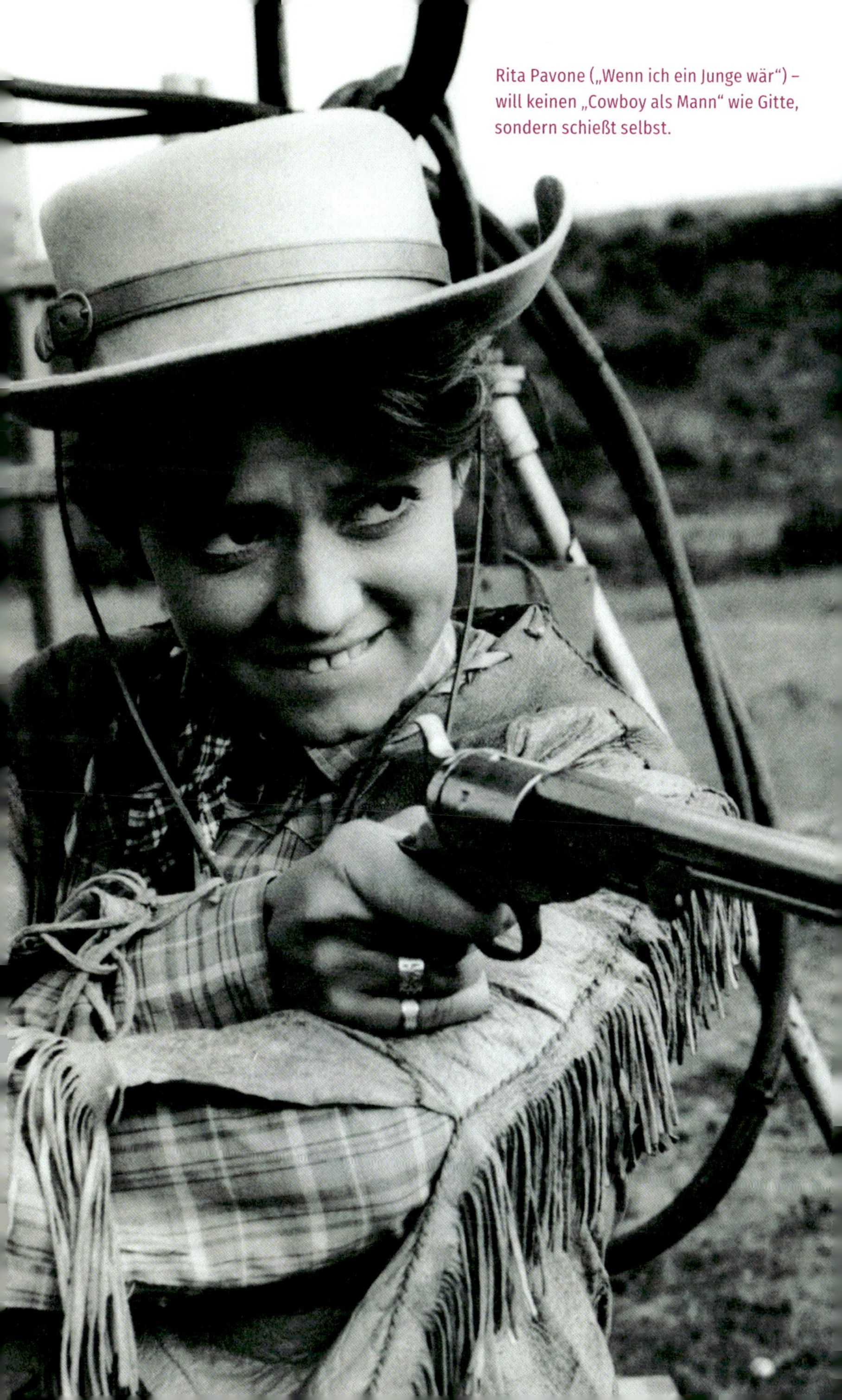

Rita Pavone („Wenn ich ein Junge wär") – will keinen „Cowboy als Mann" wie Gitte, sondern schießt selbst.

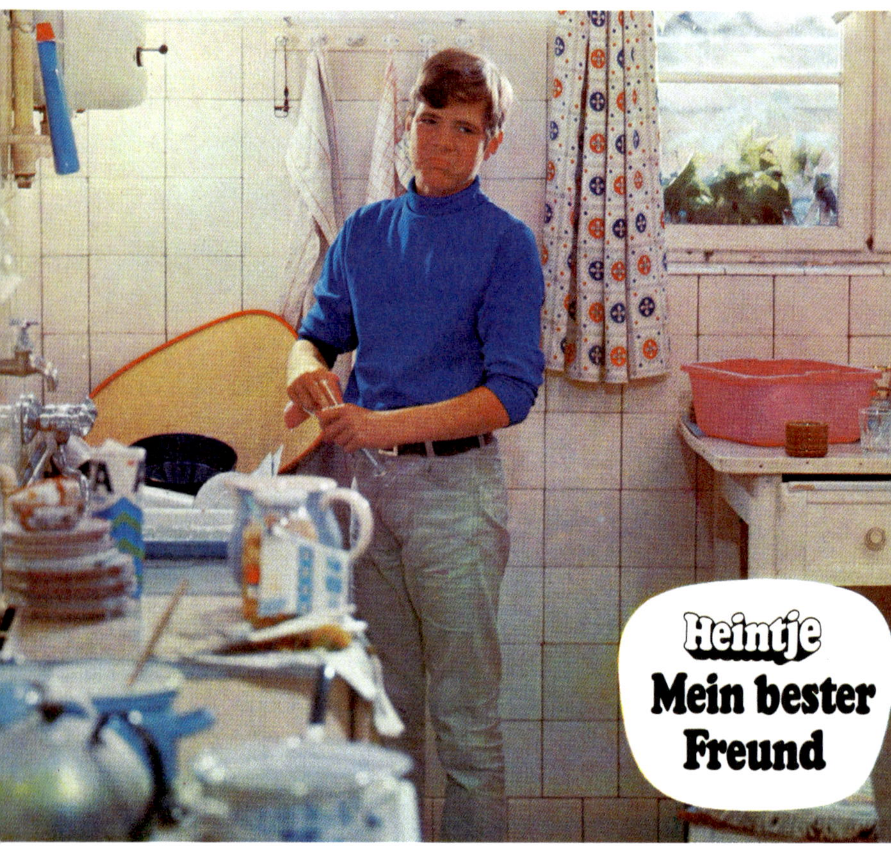

Heintje musste nicht nur trösten und „ein Schloss bauen", sondern auch den Abwasch machen.

Hand" oder „Rote Lippen"), wurde ab Mitte des Jahrzehnts Beatmusik im englischsprachigen Original gehört. Die deutsche Jugend wandte sich vom deutschsprachigen Schlager ab – die „Bravo" bilanzierte: „Roy Black ist der Mann des Jahres, aber das Ausland gibt den Ton an." „Sweet" statt „Beat" – Roy Black, selbst erfolglos als Beatmusiker gestartet, wurde der Protagonist einer neuen Welle. „Ganz in Weiß" statt „Let's spend the Night together" von den Rolling Stones, 1967 schaffte es kaum ein deutscher Titel auf Platz 1.

Als 1968 die weltweite Aufbruchsstimmung in den USA zu wütenden und gewalttätigen Protesten gegen den Vietnamkrieg führte und die Revolte der Jugend auch in Westdeutschland ersten Straßenschlachten brachte, da sang den Soundtrack dieser Jahre ein kleiner Junge aus dem niederländischen Blejerheide. Heintje hatte 1968 drei Nr.1-Hits in Deutschland: „Mama", „Du sollst nicht weinen" und „Aba heidschi-bumbeidschi" – 15 Wochen des Jahres stand immer einer dieser Titel auf dem ersten Platz der Verkaufscharts. Heintjes Triumph gegen Ende des Jahrzehnts, diese kitschige Reminiszenz an die fünfziger Jahre, markierte den Tiefpunkt der Text- und Musikqualität des deutschen Schlagers: So war der jugendliche Hörer an die Popmusik verloren. Der weltweite Erfolg des Musicals „Hair" verwandelte dann nach der umjubelten Deutschlandpremiere im Oktober 1968 auch immer mehr Großstadt- und Provinztheater in bunte Flowerpower-Bühnen und bot einen Ausweg aus der musikalischen Sackgasse. Die starke musikalische Polarisierung dieser Zeit, hier Heintje und Roy Black, dort Hair und die Rolling Stones, spiegelte auch die wachsenden politischen Gegensätze. Ab 1969 sollten dann eine neue sozialliberale Bundesregierung und die „ZDF-Hitparade" die überfällige Modernisierung der Gesellschaft und des deutschen Schlagers einläuten und begleiten.

Der Einzige, der Größte

„Es ist ein Wunder“, staunte ein älterer Besucher nach dem letzten Düsseldorfer Konzert von Udo Jürgens, wenige Wochen vor seinem plötzlichen Tod am 21. Dezember 2014. Er meinte damit nicht nur die phänomenale körperliche Präsenz des 80-jährigen Sängers, sondern auch seine außergewöhnliche künstlerische Gegenwärtigkeit: „Seine Texte werden immer besser!“ Seine damalige Tour hieß tatsächlich so wie sein letztes Album, „Mitten im Leben“. Und so starb er auch.

Jürgens hat gelegentlich erzählt, es hätte seiner musikalischen Entwicklung gutgetan, dass er in seinen ersten Jahren als Künstler hauptsächlich Coverversionen gesungen hat. Das stimmte, und doch schrieb er bereits in seinen Zwanzigern einen Song für Shirley Basey („Reach for the stars“), der 1961 in England Platz 1 und in den USA Platz 2 der Charts erreichte. Er ahnte früh, was er konnte, studierte Musik am Landeskonservatorium in Klagenfurt und am Mozarteum in Salzburg, reiste bereits 1957 als Student durch die USA und erlebte die Jazzclubs in New York.

Er komponierte, trat häufig auf und gewann einige der damals so wichtigen Schlagerfestivals. Als er 1966 mit „Mercie, Chérie“ den Grand Prix Eurovision de la Chanson (heute: Eurovision Song Contest) gewann, war dies seine bereits dritte Teilnahme nach 1964 („Warum nur, warum?“) und 1965 („Sag ihr, ich laß sie grüßen“). Noch in der Nacht nach seinem Sieg erreichten ihn Anfragen aus der ganzen Welt: Udo Jürgens war schon über dreißig und ahnte, dass es jetzt so richtig losginge.

Seine einmalige Position in der deutschsprachigen Unterhaltungsszene erarbeitete er sich durch ausgedehnte und medial intensiv begleitete Tourneen. Den Höhepunkt bildete „Udo 70“, beworben und betitelt wie ein Markenprodukt, eine Konzertreihe mit 266 Konzerten, begeistert besucht von weit über 500.000 Besuchern. Ein Jahr zuvor war Willy Brandt mit dem Slogan „Wir

Als Udo 1966 den ESC gewinnt, ändert sich (fast) alles.

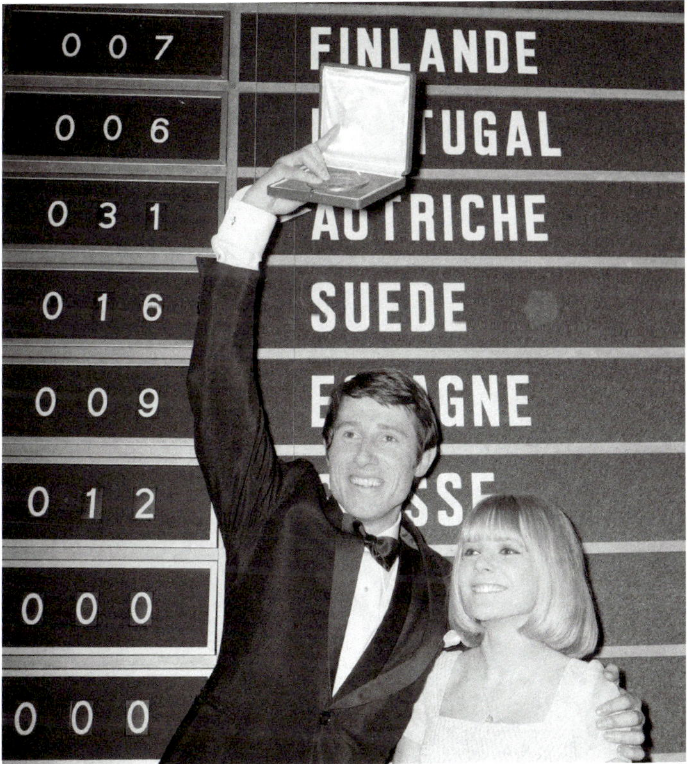

schaffen das moderne Deutschland“ zum ersten sozialdemokratischen Bundeskanzler gewählt worden – Udo Jürgens war der perfekte Star für diese neue, moderne Zeit. Als 1969 die Zeitschrift „twen“ die Idole der achtzehn- und neunzehnjährigen Deutschen erforschte, lag Udo Jürgens nach Mao Tse-Tung und noch vor John F. Kennedy auf dem zweiten Platz.

Als „Die Zeit“ irrtümlich berichtete, Udo Jürgens habe im Juli 1969 mit dem damaligen Kanzler Kiesinger vierhändig Klavier gespielt, nachdem er auf dessen Sommerfest aufgetreten war und

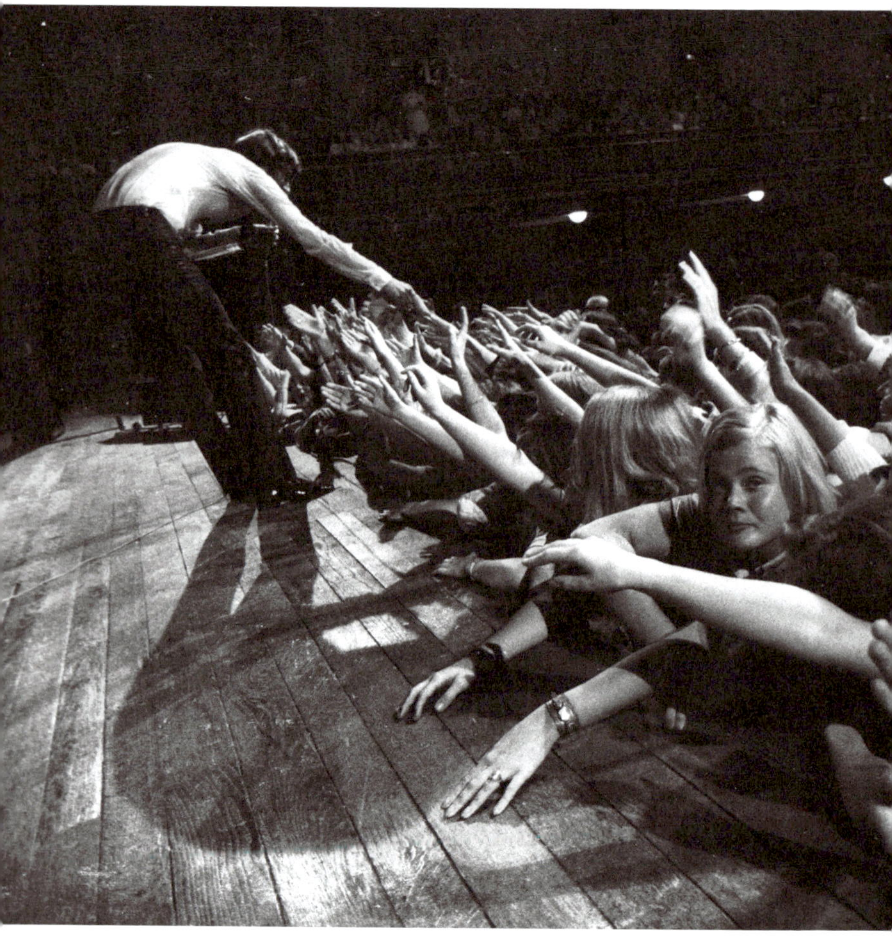

mit diversen anwesenden Politikern aller Parteien geplaudert hatte, zog das SED-Zentralorgan „Neues Deutschland“ am Vorabend eines großen Udo Jürgens-Konzerts in Budapest alle politischen Register: „Seine Galavorstellung mit Kiesinger hat entlarvt, dass dieses vierhändige Spiel keine heitere Muse, sondern ernster psychologischer Krieg gegen das Volk Westdeutschlands ist“.

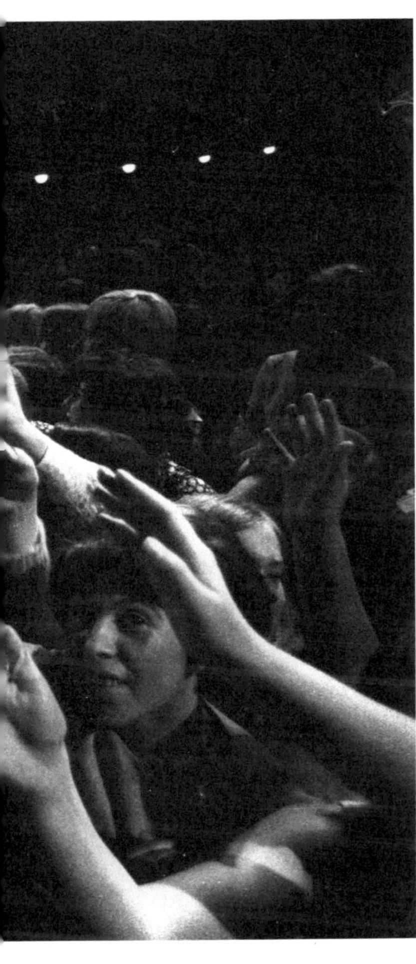

Ab Mitte der siebziger Jahre hatte Udo Jürgens dann mit seinem Texter Michael Kunze seinen Ton gefunden: „Ein ehrenwertes Haus“, „Griechischer Wein“ oder „Ich war noch niemals in New York“ verbanden Gesellschaftskritik und fulminante Musik zu dem typischen Udo Jürgens-Sound und prägten diese Dekade der gesellschaftlichen Erneuerung. Udo Jürgens war der einzige deutschsprachige Schlagerstar, der wegen seiner generationenverbindenden Lieder und seiner herausragenden Fähigkeiten als Live-Entertainer genreübergreifend musikalisch anerkannt war und nicht nur auf den bunten Seiten, sondern auch im Feuilleton präsent war. Ausführlich berichtete er der „Süddeutschen Zeitung“ von seinen Begegnungen mit dem von ihm so sehr verehrten österreichischen Dichter Thomas Bernhard, der ihn im Kaffeehaus zu sich bat und von seiner Liebe zu seinen Liedern sprach. Diese Momente waren das Größte für ihn. „Ich bin ein leidenschaftlicher Musiker“, erklärte Jürgens häufiger – und so war es eine Auszeichnung für ihn als Komponisten, dass die amerikanische Showlegende Bing Crosby seinen „Griechischen Wein“ als „Come, share the Wine“ aufgenommen hatte. Und mit Stolz erzählte er von seiner Bekanntschaft mit Sammy Davis jr.,

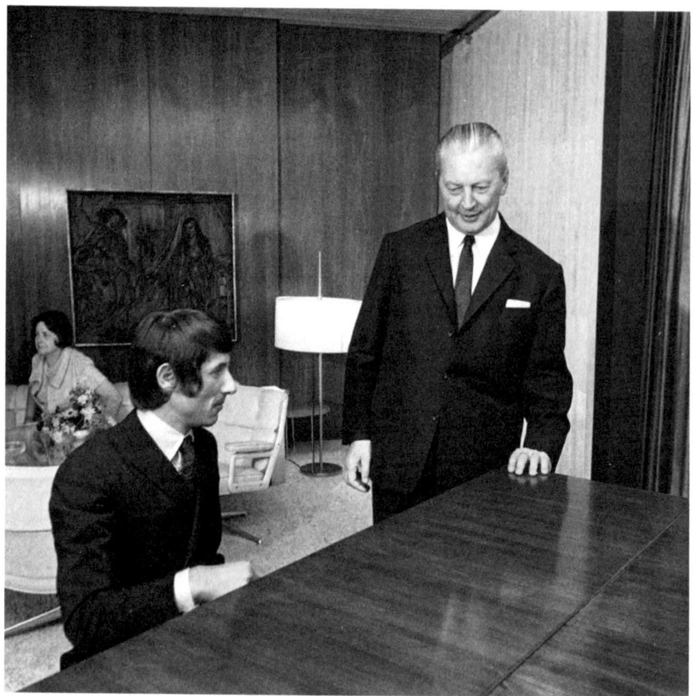

der in seinen letzten Jahren seine Konzerte und Fernsehshows stets mit „If I never sing another Song" beendete. Udo Jürgens hatte dieses Lied über zwanzig Jahre vorher als „Illusionen" geschrieben.

Udo Jürgens war jahrzehntelang das einzige deutschsprachige Mitglied der weltumspannenden Musik-Aristokratie gewesen, „er hatte hohe Ambitionen und hat sie immer wieder erfüllt", wie der Berliner „Tagesspiegel" nach seinem Tod schrieb. Am Ende war Udo Jürgens der weltweit am längsten erfolgreichste Künstler, mit Charterfolgen von 1958 bis 2015, als nach seinem Tod noch einmal ein Album von ihm die Spitzen erklomm. So starb mit dem „Bonvivant und Existenzialist(en)" („taz") „kein Schlagersänger, sondern ein Großer" („Süddeutsche Zeitung").

Politik und Schlager – die wilden Siebziger

Der Trend zur Politik veränderte seit den späten sechziger Jahren die bundesdeutsche Gesellschaft und auch den Schlager – auf das große Schweigen (über die Vergangenheit) der fünfziger und sechziger Jahre folgte das große Palaver.

Hatte man zuvor die konkrete Gegenwart und ihre Probleme weitgehend aus den Schlagertexten herausgehalten, zogen nun die aktuellen Diskussionen in die Texte ein. Die neue Ostpolitik der Bundesregierung führte zu einer regelrechten Russifizierung und Entdeckung der „russischen Seele". Alexandra beschwor in „Sehnsucht" die „geliebte Taiga", Ivan Rebroff ersang eine Goldene Schallplatte mit „Mein Russland, du bist schön" und Udo Jürgens berichtete von „Anuschka" und sagte „Do swidanja". 25 Jahre nach Kriegsende versuchte der Schlager die große Versöhnung: Willy Brandt erhielt 1971 den Friedensnobelpreis und Roy Black und Anita sangen „Das Schönste im Leben ist die Freiheit, denn dann sagen wir: Hurra!"

1972 veröffentlichte der Club of Rome seinen Bericht „Die Grenzen des Wachstums" und setzte die Umweltpolitik auf die Agenda. Katja Ebstein hatte schon von „Rauch aus tausend Schloten" gesungen (in „Diese Welt") und selbst Chris Roberts fragte nicht nur „Hab ich die heute schon gesagt, dass ich dich liebe?", sondern beklagte darin auch die „Luftverschmutzung".

Neben der Liebe taucht in den siebziger Jahren die Sexualität im Schlagertext auf. Dalida erzählte von ihrem jugendlichen Liebhaber „Er war gerade 18 Jahr" und Peter Maffay „war 16 und sie 31, und über Liebe wusste ich nicht viel." Gilla forderte nicht nur „Oh Baby, tu es, mir ist danach zumut'", sondern fragte konkret: „Willst du mit mir schlafen geh'n". Das internationale „Jahr der Frau" 1975 hatte gezeigt: Die neue, offene Sprache über

1971 erhält Willy Brandt den Friedensnobelpreis.

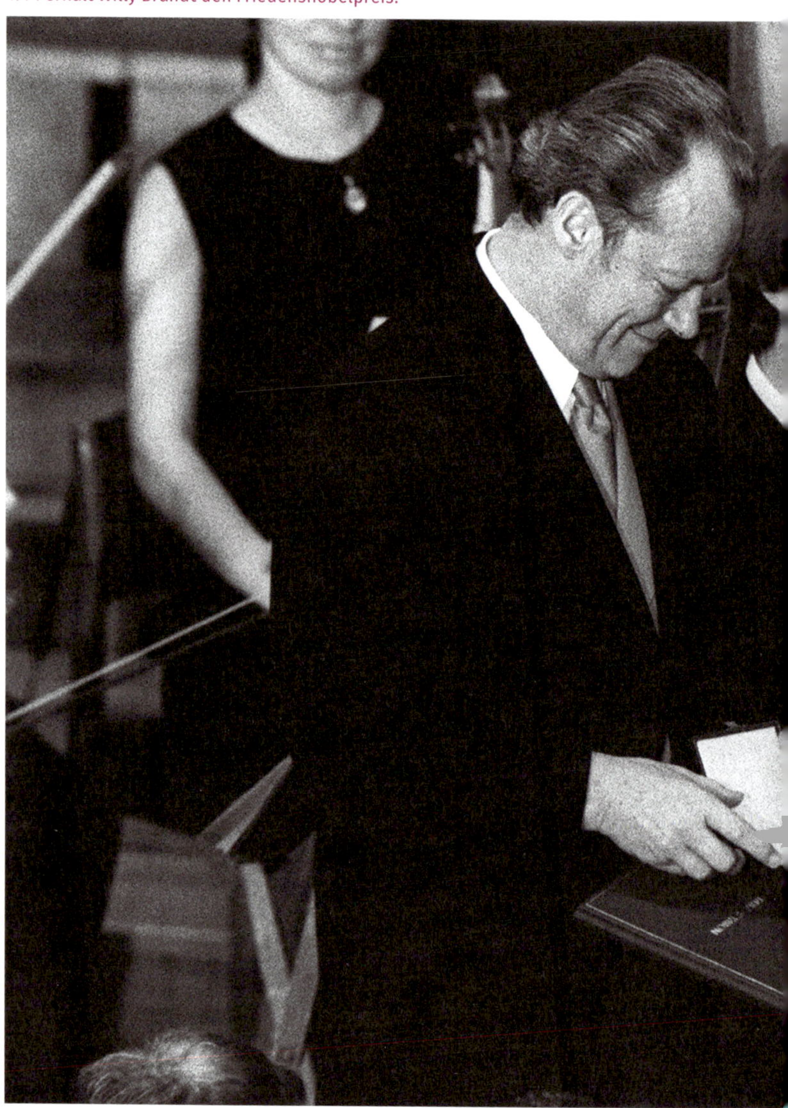

Sexualität war im deutschen Schlager angekommen. Milva paraphrasierte 1978 in „Zusammenleben“ gar Simone de Beauvoir, als sie feststellte: „Wer wird als Frau denn schon geboren? Man

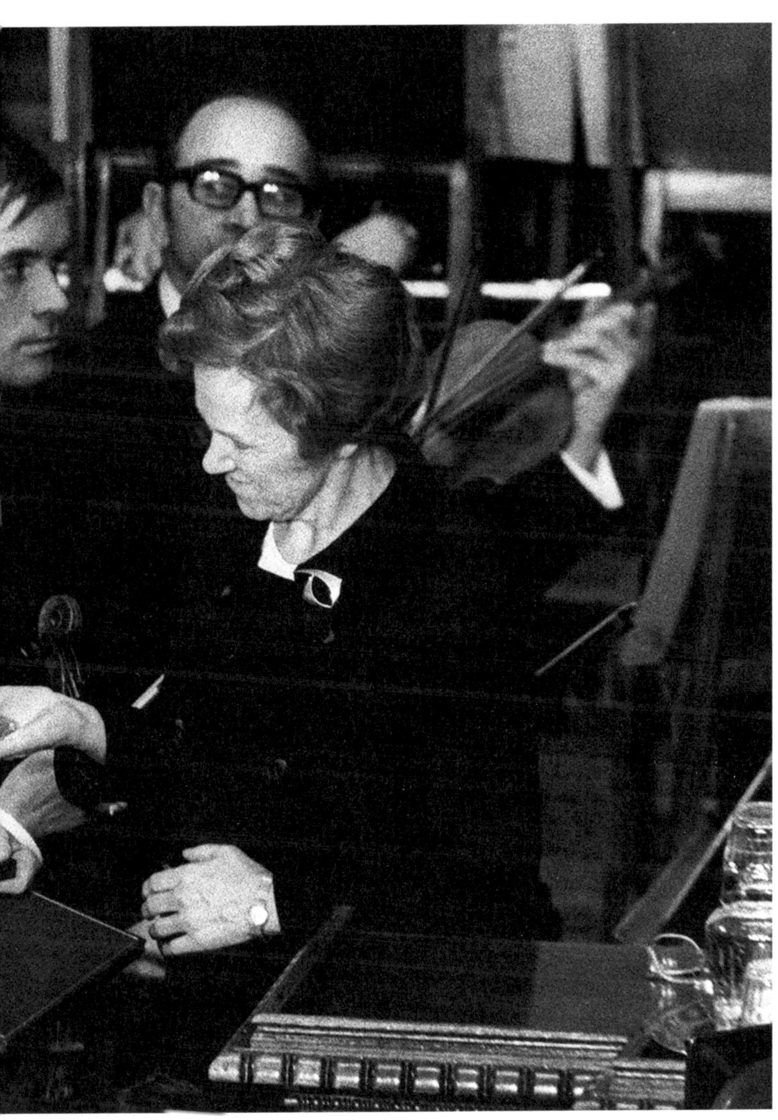

wird zur Frau doch erst gemacht." Zur Hochzeit des deutschen Schlagers in den siebziger Jahren konnte fast alles gesagt und gesungen werden – und war erfolgreich. Ende des Jahrzehnts

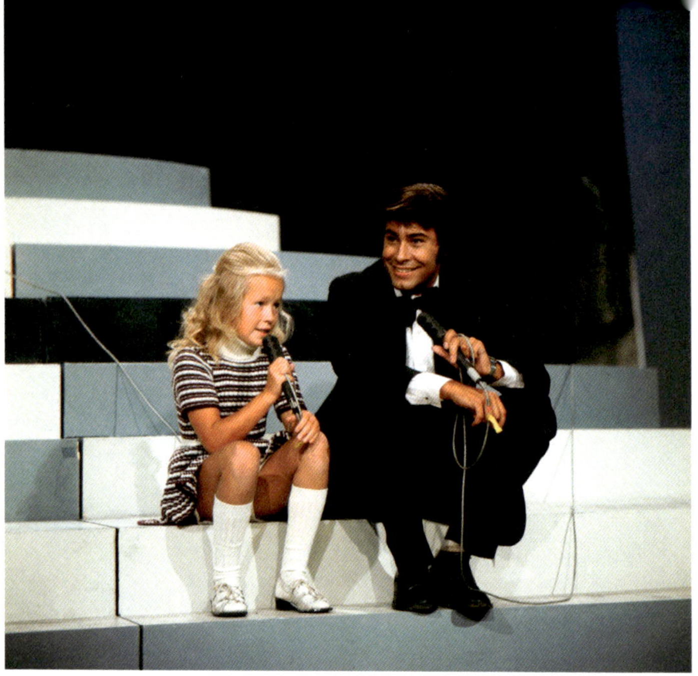

„Das Schönste im Leben ist die Freiheit!“

wurde dann plötzlich alles anders: Die Konjunktur brach ein, die RAF verübte eine Reihe von Anschlägen und die Stimmung kippte. Die Party war vorbei.

New Wave und Neue Deutsche Welle prägten nun die internationale und die deutschsprachige Popmusik. Die Verkaufszahlen des Schlagers gingen massiv zurück, das junge Publikum war verloren. Die achtziger Jahre wurden ein verlorenes Schlager-Jahrzehnt: Volkstümliche Musik für ein ausschließlich älteres Publikum ließ die Umsätze wieder steigen, aber Schlager wurden fast nur für eine ältere Hörerschaft produziert. Seit den Zeiten der Neuen Deutschen Welle war Popmusik mit deutschen Texten in Deutschland durchgesetzt, in den Neunzigern kam dann noch der Deutsch-Rap dazu. Mit dem Verlust des Alleinstellungsmerkmals der deutschen Sprache verlor der deutsche Schlager auch seine Innovations- und Integrationsfähigkeit.

Triumph und Tragik

Als Rex Gildo 1999 durch einen Sprung aus dem Fenster starb, war die Betroffenheit groß. „Er war ein Gentleman" (Gitte), „sehr feinsinnig" (Bata Illic) und „ganz toller Kollege" (Peter Rubin). Andere glaubten eine Antwort auf die Verzweiflungstat zu haben: Bernhard Brink orakelte, Gildo müsse „sehr verzweifelt" gewesen sein, Costa Cordalis spekulierte über „Probleme mit dem Alter" – und die Arbeitsgemeinschaft Deutscher Schlager empörte sich über „geschmacklose Profilierungsversuche einiger Kollegen", was wohl auch ein Profilierungsversuch war. In Wirklichkeit bekannten fast alle, seit Jahren kaum noch näheren Kontakt zu Rex Gildo gehabt zu haben. Die Nachrufe waren respektvoll und voller Erinnerungen an die „goldene Zeiten", in denen der gutaussehende Schlagerstar über 25 Millionen Schallplatten verkauft und in 30 Unterhaltungsfilmen mitgespielt hatte.

Acht Jahre früher war der andere Schlager-Superstar der sechziger und frühen siebziger Jahre in seiner Fischerhütte tot aufgefunden worden: Roy Black. Er starb nicht so dramatisch wie sein Schlagerkollege, aber retrospektiv hatte sich auch sein früher Tod mit 48 angekündigt. Gerade erst von einer Herzoperation genesen, hatte er sein mörderisches Pensum wieder aufgenommen – zwei bis drei Auftritte in der Woche in der ganzen Bundesrepublik, dazu später die Dreharbeiten für die Fernsehserie „Ein Schloß am Wörthersee". Nach den glücklosen achtziger Jahren schien der Erfolg Anfang der neunziger Jahre wieder zurückgekommen zu sein – und damit die Angst, wieder alles zu verlieren. In einem Gespräch mit Joachim Fuchsberger erzählte Roy Black von seinen Schwierigkeiten, sich mit seiner Karriere auszusöhnen und sein Leben selbst zu bestimmen: „Ich frage mich manchmal, ob man nicht selbst eine Form gesunder Schizophrenie entwickeln muss. Bei mir wurde zu wenig darauf geachtet, was Neues erscheinen zu lassen". – „Warum hast du nicht selber darauf geachtet?" – „Jetzt hast mich erwischt."

Die Erkenntnis, nicht selbst auf sich und seine Karriere geachtet zu haben, machte wohl das Leben für einen intelligenten und sensiblen Menschen wie Roy Black oft schwierig. Sein Manager Wolfgang Kaminski, ein lebenskluger und diskreter Begleiter seines Klienten, hat denn auch 30 Jahre nach dem Tod des Sängers mit der Legende, Roy Black wäre auch daran zerbrochen, statt Beat- oder Rockmusik seichten Schlager machen zu müssen, gründlich aufgeräumt.

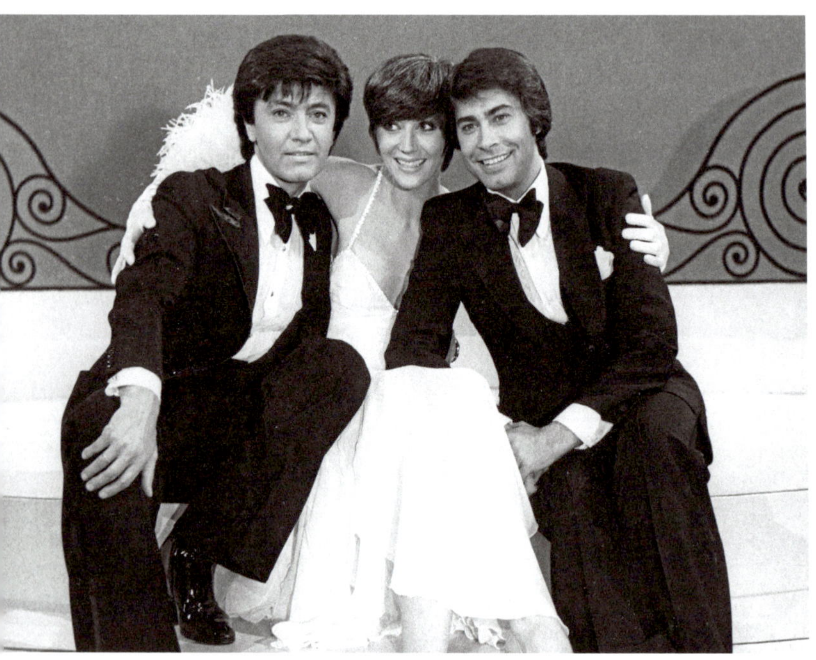

1978 zusammen mit Elke Rieckhoff in einer Fernsehshow

„Er hätte das ja machen können. Wirtschaftlich hätte er sich immer leisten können, ganz auszusteigen." Sein Leben war eben sein Leben, und dafür ganz alleine verantwortlich zu sein, ließ

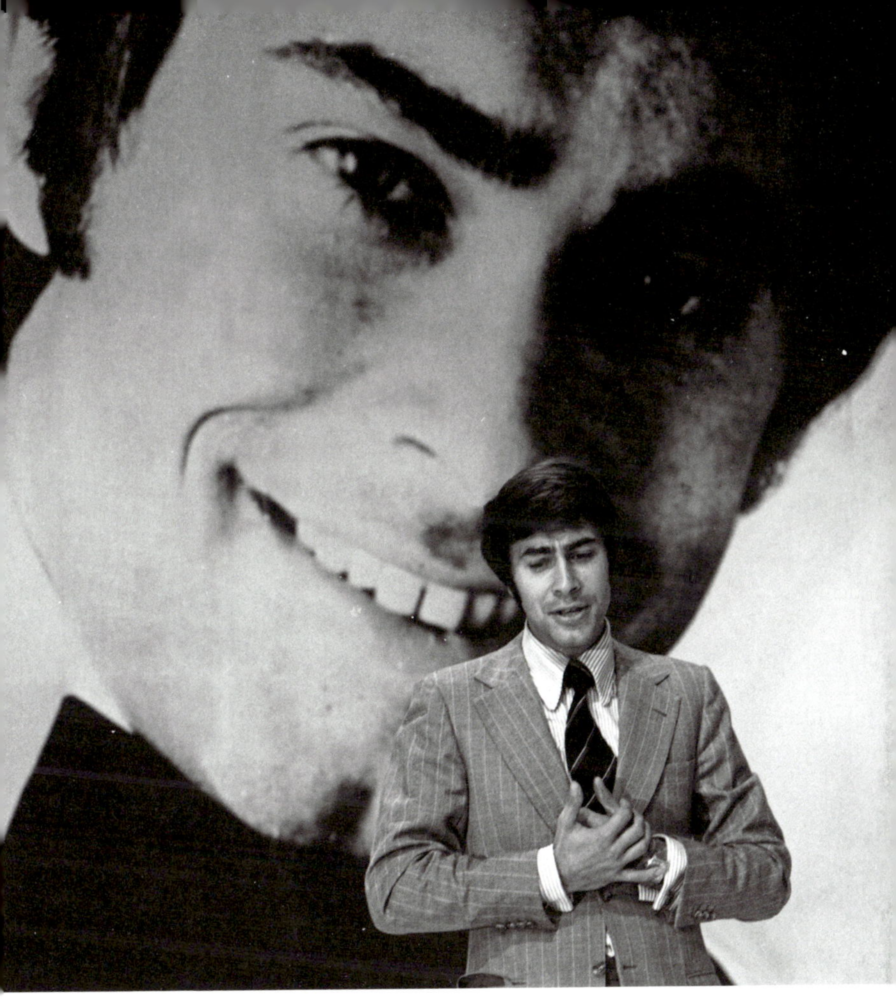

1969 – Roy Black überlebensgroß

Roy Black wohl immer häufiger verzweifeln. Dieter Bohlen, der sein letztes Album „Rosenzeit“ produziert hatte, berichtete von einem in seinen letzten Monaten dauererschöpften, viel zu viel trinkenden Roy Black. Und von einem sensiblen Künstler, der branchenunüblich offenherzig sprach, aber eben auch „gar keine Selbstschutzreaktionen“ hatte – zu „gutgläubig“ für diese Welt.

10 Jahre nach Rex Gildos Tod produzierte der NDR in seiner Reihe „Legenden“ einen Film über den Schlagersänger. Sein

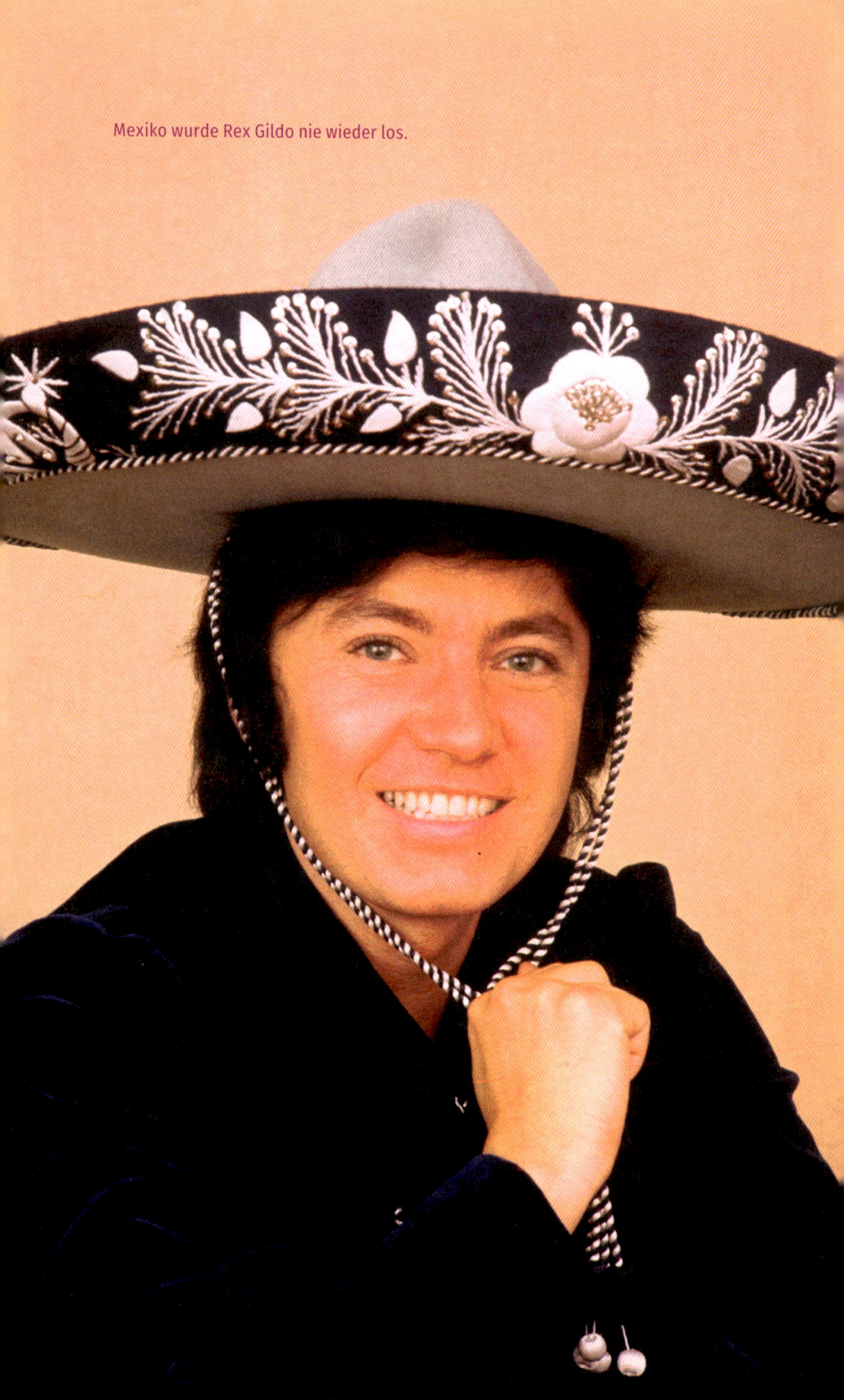

Mexiko wurde Rex Gildo nie wieder los.

Leben und auch sein Sterben erschienen nun in deutlich anderem Licht – Ulrike Bremer hatte zahllose Legenden über seine Karriere und sein Privatleben als Lügen enttarnt. Die Mutter war keine Opernsängerin, die Mitgliedschaft als Junge bei den Regensburger Domspatzen ebenfalls ausgedacht, so wie die Schauspielausbildung an der Münchner Otto-Falckenberg-Schule. Sein jahrzehntelanger Manager und Mentor Fred Miekley war in Wirklichkeit sein Geliebter, seine Ehefrau seine Cousine Marion und die Heirat mit ihr 1974 eine Idee des Managers zur Tarnung über aufkommende Gerüchte der Homosexualität. Das Leben mit diesen Geheimnissen und die Angst vor Enttarnung muss oft unerträglich gewesen sein. 1981 trat der Entertainer sogar mit den Regensburger Domspatzen in einer Fernsehshow auf – mit dem deutlichen Hinweis, man kenne sich ja von früher. Als Miekley 1988 starb, hielt anschließend niemand mehr Rex Gildos Leben zusammen.

„Rex Gildo – der letzte Tanz", ein Film von Rosa von Praunheim von 2022, erzählt – oft sehr frei mit den Fakten jonglierend – eine eben doch sehr wahre Geschichte. „Wir müssen lügen, ein Leben lang" spricht in einem fiktiven Dialog Miekley zu seinem Schützling. Im echten Leben kamen die Liebenden dann doch wieder zusammen: Rex Gildo und Fred Miekley wurden auf dem Münchner Ostfriedhof in einem gemeinsamen Grab bestattet.

Ist das Chanson ein französischer Schlager?

„Das französische Chanson ist wie eine Familie, die verschiedene Traditionslinien und Verwandschaftsbeziehungen verbindet“, stellt der Berliner Chansonliebhaber und -experte Olaf Salié zutreffend fest. Während der deutsche Schlager ein modernes Produkt des späten 19. Jahrhunderts ist, wurzelt das Chanson in der Tiefe des französischen Bewusstseins, in einem „kollektiven Repertoire, einem Fundus, an dem jeder mitarbeitet und aus dem jeder schöpft“.

Und in der Tat wurzeln etwa die Lieder Georges Brassens stark in seiner persönlichen Geschichte, aber auch in der spätmittelalterlichen Dichtung François Villons. Die ungebrochene Kontinuität höchst unterschiedlicher musikalisch-regionaler Überlieferungen traf im Chanson schon früh auf unterschiedlichste außerfranzösische Einflüsse. Georg Moustaki ist in Ägypten geboren, die Familie von Charles Aznavour stammt aus Armenien, Yves Montand kam in Italien zur Welt und Jaques Brel in Belgien. Die Liste lässt sich in die Gegenwart verlängern mit Interpreten und Musikern, die aus den ehemaligen Kolonien West-Afrikas nach Frankreich gekommen sind oder aus der frankophonen arabischen Welt.

Während ein Schlager eben doch ein Gebrauchslied ist, verstand sich ein Chanson dagegen immer als Kunstwerk eigenen Ranges. Schon 1851 wurden musikalische Urheberrechte in Frankreich geschützt – über 50 Jahre früher als in Deutschland –, auch daran lässt sich die kulturelle Relevanz und Wertschätzung gut erkennen. Und während in seinem französischen Heimatland Serge Gainsbourg, der als Kind im besetzten Frankreich den gelben Stern tragen musste, zurecht als großer Komponist, Liebhaber der schönsten Frauen und strikter Nonkonfor-

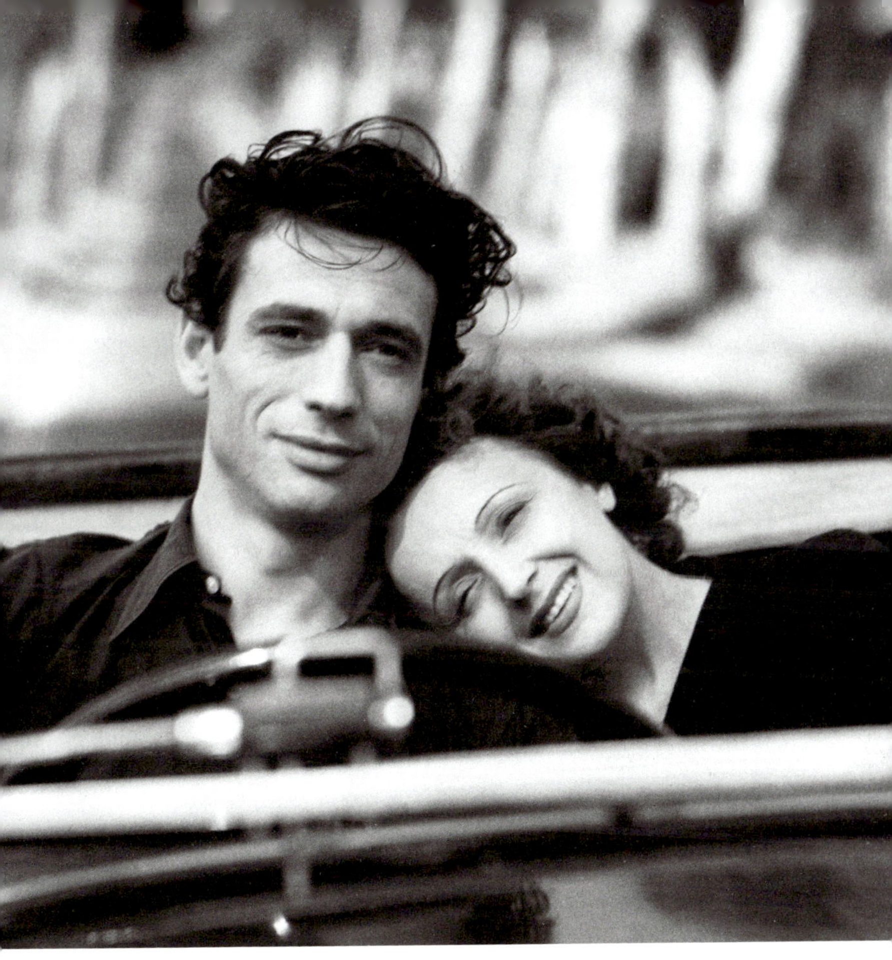

Edith Piaf förderte (und liebte) eine ganze Generation französischer Chansoniers. Hier mit dem jungen Yves Montand.

mist – kurz: als moderner Dandy galt, wurde er in Deutschland als ewiger Provokateur wahrgenommen und als Rüpel und Trinker geschmäht.

Frankreich war und ist immer stolz auf seine Kunst und vor allem seine Künstler. Die Regeln der Moral, der Straßenverkehrsordnung oder der Steuergesetzgebung galten und gelten für Künstler oft nur eingeschränkt. Und weil Schauspieler, Musiker, Sänger und Schriftsteller mit der Politik und ihren Vertretern eine eigene, oft auch persönlich verbandelte Klasse bil-

Jane und Serge, der ewige französische Mythos. „Ich liebe dich" – „Ich auch nicht"

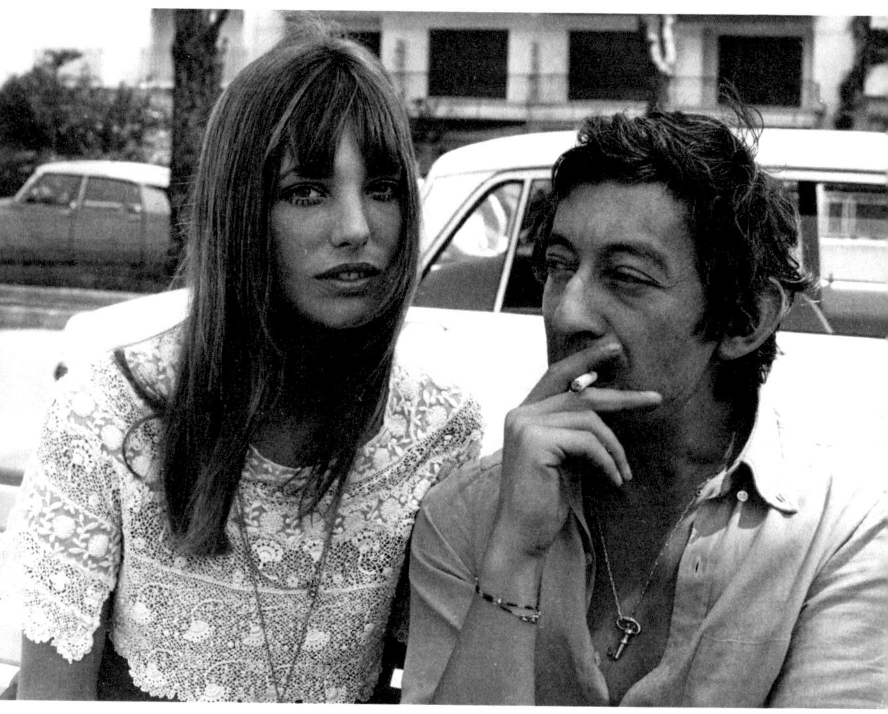

den, wurde das Chanson, im Gegensatz zum Schlager, immer auch als Kunstwerk angenommen.

Deutsche Chansons stellten und stellen sich dagegen oft im Liedermachergewand dar, mit relevanten Texten, aber meist ohne die musikalische Potenz ihrer französischen Schwestern. Franz Josef Degenhardt etwa bezog sich explizit auch auf seine französischen Idole, aber erreichte nie deren volkstümliche Bedeutung. Denn das Chanson in seinem Mutterland erreichte auch mit politischen Texten oder politisch eindeutig verorteten Künstlern ein Publikum weit über ihre gesellschaftliche Gruppe hinaus und ist oft „Volksmusik".

Der Einfluss des französischen Chansons auf den deutschen Schlager blieb leider beschränkt: Französische Interpreten wie Gilbert Bécaud, Daniel Gerard, Charles Aznavour oder Françoise

Hardy sangen in den sechziger und siebziger Jahren ihre Titel neu auf Deutsch ein und hatten damit in Deutschland Erfolg. In die andere Richtung ging es selten. Reinhard Mey hatte sein Baccalauréat auf einem französischen Gymnasium in Berlin gemacht und nahm als Frédéric Mey nicht nur erfolgreiche französischsprachige Alben auf, sondern übersetzte auch Texte für französische Kollegen ins Deutsche. Die großartige Mary Roos war in den siebziger Jahren mit einem Franzosen verheiratet, machte wunderbare französische Platten und trat im Pariser „Chanson-Tempel" Olympia auf – was in Deutschland kaum beachtet wurde.

Erst Tokio Hotel brachten deutschsprachige Musik wirklich erfolgreich nach Frankreich: 2007 lud sogar der damalige französische Präsident Sarkozy die Band aus Magdeburg nach Paris ein, um anlässlich des Nationalfeiertages vor über 500.000 Menschen unterhalb des Eiffelturms zu spielen. Und als Rammstein mit deutschen Texten und rollendem „R" vor einem riesigen, die deutschen Texte mitsingendem französischen Publikum im

Zaz und Aznavour – Verbundenheit und Respekt über Generationen hinweg

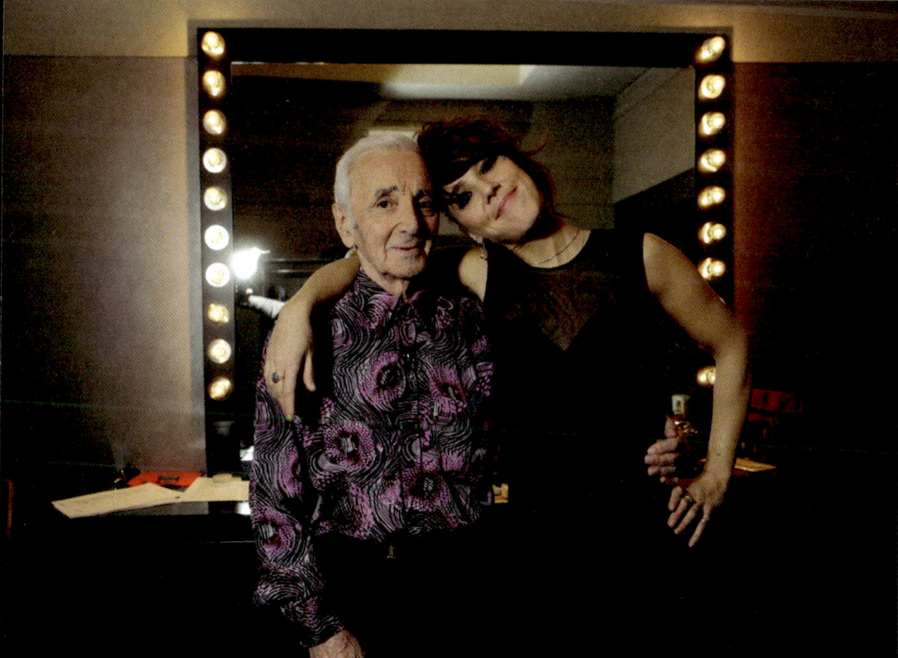

Stechschritt über die französischen Bühnen marschierte, galt dies wohl eher als eine Teufelsaustreibung.

Im Gegensatz zum deutschen Schlager, dem es bis auf eine kurze Phase während der siebziger Jahre niemals gelang, eine größere musikalische Bandbreite abzubilden, schwächelte das Chanson über all die Jahrzehnte in seiner Bedeutung kaum, sondern konnte sich alle paar Jahre erneuern. Und wenn Zaz wenige Jahre vor seinem Tod mit dem damals 90-jährigen Charles Aznavour „J‘aime Paris au mois de mai“ sang, war das auch eine Übergabe. Benjamin Biolay, der Erneuerer des Chansons, komponierte auch für Juliette Gréco und spielte vor einigen Jahren ein ganzes Album mit Liedern von Charles Trenet ein, dem großen Chansonnier und Komponisten von „la mer“ und „douce France“. So bleibt die Tradition in ihren Interpreten und Kompositionen und in ihrer Bedeutung und Qualität ständig Herausforderung und Inspiration.

France heureuse!

Schlager. Eine Zeitreise

Die Wiener „National-Zeitung" verwendet zum ersten Mal den Begriff „Schlager" für ein erfolgreiches Musikstück während einer Operettenaufführung. **1881**

In Deutschland schafft das musikalische Urheberrecht die Grundlagen der kommerziellen Musikindustrie. **1901**

Erstmalig sendet das „Erste Deutsche Allgemeine Rundfunkprogramm", bereits 3 Jahre später gab es 2 Millionen Radios mit einem Vielfachen an Hörern. **1923**

Das Radio fördert den Schallplattenabsatz. In diesem Jahr werden über 4 Millionen Schallplatten verkauft. **1926**

Bevor im Oktober die Weltwirtschaftskrise ausbricht, werden auf dem Höhepunkt des goldenen Zeitalters des Schlagers über 30 Millionen Schallplatten verkauft. Diese Zahl wird erst wieder 1955 erreicht. **1929**

Premiere des Tonfilms „Der blaue Engel". Kaum ein großer Schlager der folgenden Jahre, der nicht durch den Tonfilm bekannt wird. Schallplatte, Film und Radio bilden ein gemeinsames Starsystem heraus. **1930**

Nach der Weltwirtschaftskrise verdrängt eine „weiche Welle" den frivolen Schlager der zwanziger Jahre. **Ab 1930**

Die deutschen Rundfunkanstalten werden verstaatlicht, die deutsche Unterhaltungsindustrie befindet sich in einer tiefen Krise. **1932**

1933 Machtergreifung Hitlers. Reichsminister Goebbels gründet die Reichsmusikkammer, die jüdische oder „politisch unzuverlässige“ Künstler ausschließt. Die gleichgeschaltete Gegenwart oder Politik tauchen in den Texten des Schlagers nicht mehr auf.

1939 Kriegsbeginn mit dem Überfall auf Polen: Realitätsflucht und später Durchhaltepropaganda bestimmen den deutschen Schlager: „Davon geht die Welt nicht unter“.

Mai 1945 Nach der militärischen Kapitulation des Deutschen Reichs gibt es in Deutschland nur noch durch die Alliierten betriebene Rundfunkanstalten – Jazz und Swing, unter den Nazis als „entartete Musik“ verpönt, werden programmbestimmend.

1948 Beginn der Italienwelle des deutschen Nachkriegsschlagers: „Florentinische Nächte“ und „Caprifischer“.

1950 Der Film „Schwarzwaldmädel“ hat im ersten Jahr über 16 Millionen Zuschauer und löst auch im Schlager die Heimatwelle aus.

1956 Jahr der Gegensätze: „Heimweh“ von Freddy Quinn erscheint und wird einer der größten Schlagererfolge aller Zeiten. Im gleichen Jahr erreicht Bill Haley mit „Rock around the Clock“ den ersten englischsprachigen Nr.1-Hit in Deutschland.

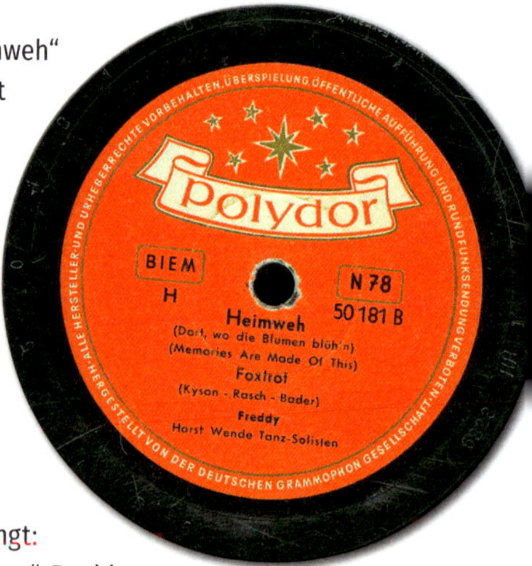

1963 Adenauer tritt als Bundeskanzler zurück und Gitte singt: „Ich will 'nen Cowboy als Mann“. Freddy hat seinen letzten großen Erfolg mit „Junge, komm bald wieder“.

Beatlemania in den USA und England. In Deutschland setzt sich 1966
„sweet“ statt „Beat“ durch: Roy Black singt „Ganz in Weiß“.

Durchbruch der englischsprachigen Musik in Deutschland: 1967
Nur vier Wochen ist ein deutschsprachiger Titel auf Platz 1.

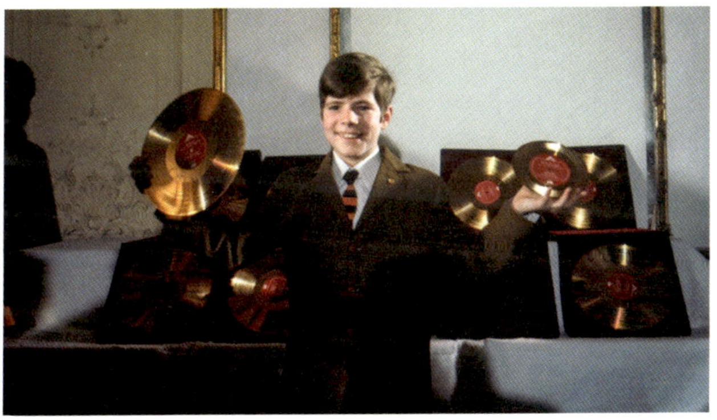

Weltweite Unruhen: Die Sowjetunion beendet gewaltsam den 1968
Prager Frühling, Proteste gegen den Vietnamkrieg. Heintje hat
drei Nr.1-Hits in Deutschland. Das Musical „Hair“ erobert die
Bühnen.

Willy Brandt wird Bundeskanzler, erste „ZDF-Hitparade“ mit 1969
Dieter Thomas Heck.

„Disco“ mit Ilja Richter im ZDF präsentiert Popmusik und 1971
deutschen Schlager vor tanzendem Publikum.

Krisenjahr. RAF-Entführungen und steigende Arbeitslosen- 1977
zahlen. Erstmalig kein deutschsprachiger Titel auf Platz 1.

„Die Grünen“ gründen sich als Protestpartei. Einmaliger Bedeu- 1980
tungsverlust des deutschen Schlagers: Unter den 30 meistverkauften Titeln des Jahres finden sich nur drei deutschsprachige.
Die „Neue Deutsche Welle“ überrollt den Schlager.

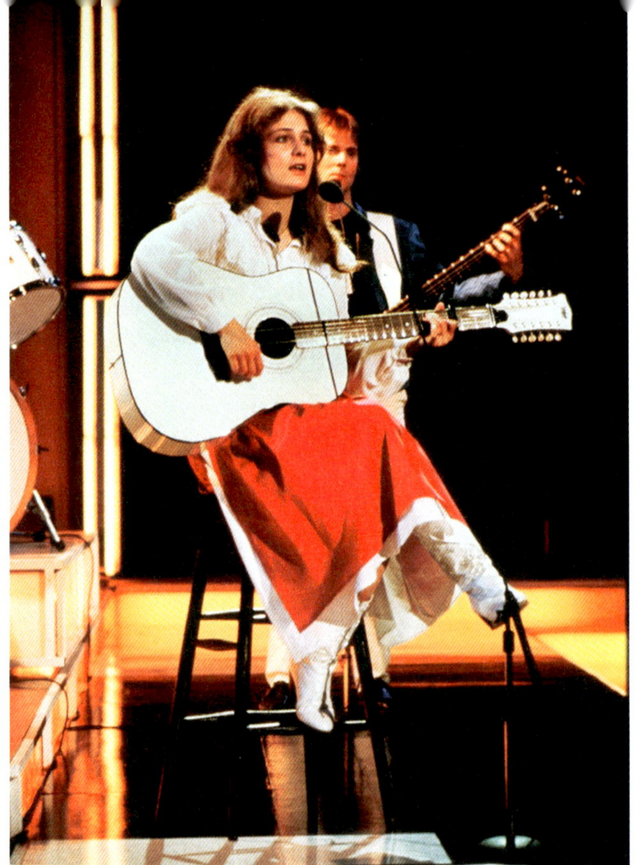

1982 Nicole gewinnt mit „Ein bisschen Frieden“ den ESC.

1983 „Musikantenstadl“ wird zum ersten Mal in Deutschland ausgestrahlt, 1986 folgt der „Grand Prix der Volksmusik“. Der Boom der volkstümlichen Musik verändert den Schlager.

ab 1990 Deutschsprachiger Hip-Hop und Rap setzen sich durch, der klassische deutsche Schlager verliert weiter an Bedeutung.

1991 Roy Black stirbt an Herzversagen.

1994 Andrea Berg gewinnt als Mitglied der Gruppe „Alle für Alle“ die „ZDF-Hitparade“.

Erster Schlagermove in Hamburg. 1997

Guildo Horn belegt mit „Guildo hat euch lieb“ den 7. Platz beim ESC. 1998

Rex Gildo stirbt durch einen Sturz aus dem Fenster. 1999 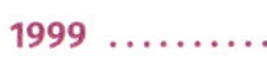

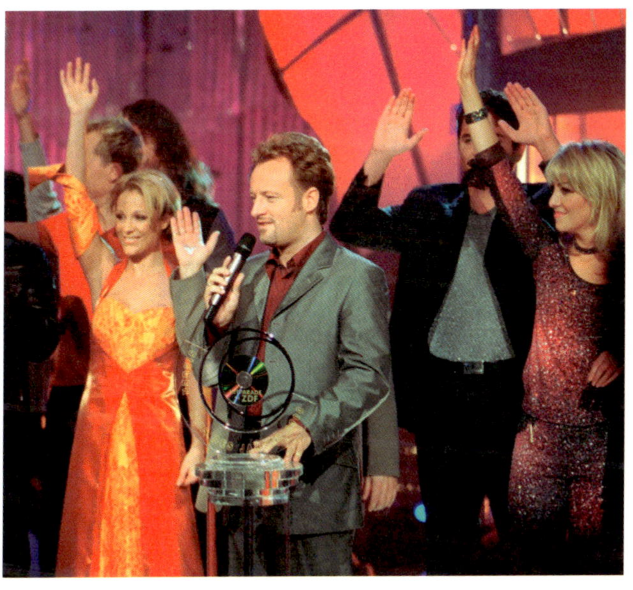

Letzte Ausstrahlung der „ZDF-Hitparade“. 2000

Karl Moik muss als Moderator des „Musikantenstadl“ aufhören. 2006

Absetzung des „Grand Prix der Volksmusik“. 2010

Helene Fischer mit „Für einen Tag“ zum ersten Mal auf Platz 1. 2011

„Farbenspiel“ von Helene Fischer erscheint – über drei Millionen CD-Verkäufe. 2013

2014 Udo Jürgens stirbt plötzlich in der Schweiz.

2016 Florian Silbereisen präsentiert den „Schlagerboom – das internationale Schlagerfest“ in der ARD. Die Mischung aus nationalen Schlagerstars und internationalen Interpreten funktioniert bis heute.

2022 Helene Fischer tritt in München vor 130.000 Zuschauern auf. Der Großteil der Eintrittskarten wurde innerhalb von 24 Stunden verkauft.

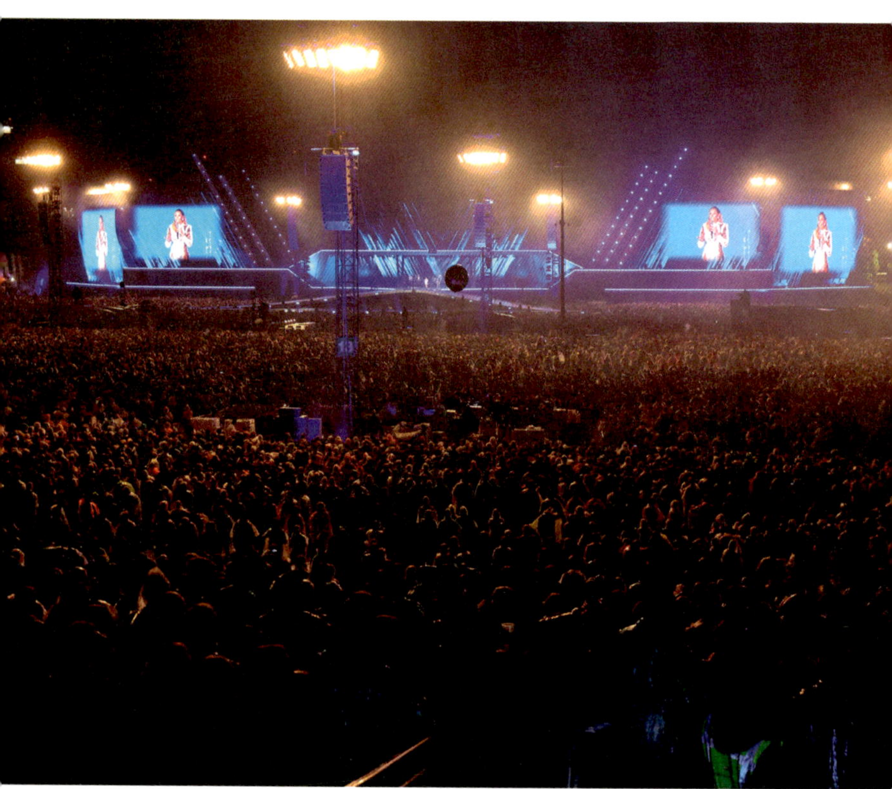

„Eine von uns"

Wenn in Frankreich das aufgeklärte und linke Bürgertum, die *gauche caviar*, wissen möchte, was die unteren Schichten, im Nachbarland noch Klassen genannt, umtreibt – dann liest es: in den autobiografisch geprägten Romanen von Nicolas Mathieu, von Édouard Louis oder den Schriften von Didier Eribon. In Deutschland leistet das für die *bourgeois bohèmes* der deutsche Schlager.

Als sich Mitte der nuller Jahre das Album „Best of" von Andrea Berg seit 346 Wochen in den Charts gehalten und die ewigen Langstreckenrekorde von Pink Floyd (312 Wochen) und den Beatles (297 Wochen) eingestellt hatte, horchte das bürgerlichen Feuilleton in Deutschland zum ersten Mal auf. Wer ist diese Andrea Berg?

Spätestens seit der Jahrtausendwende war sie die erfolgreichste deutschsprachige Schlagersängerin, tourte durch Deutschland und Österreich, gewann mehrfach den Echo, die

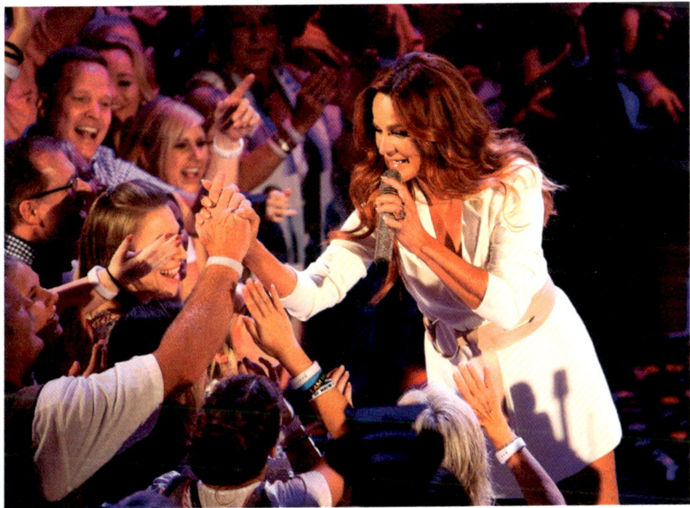

Andrea Berg und ihr Publikum, eine wirklich besondere Verbundenheit

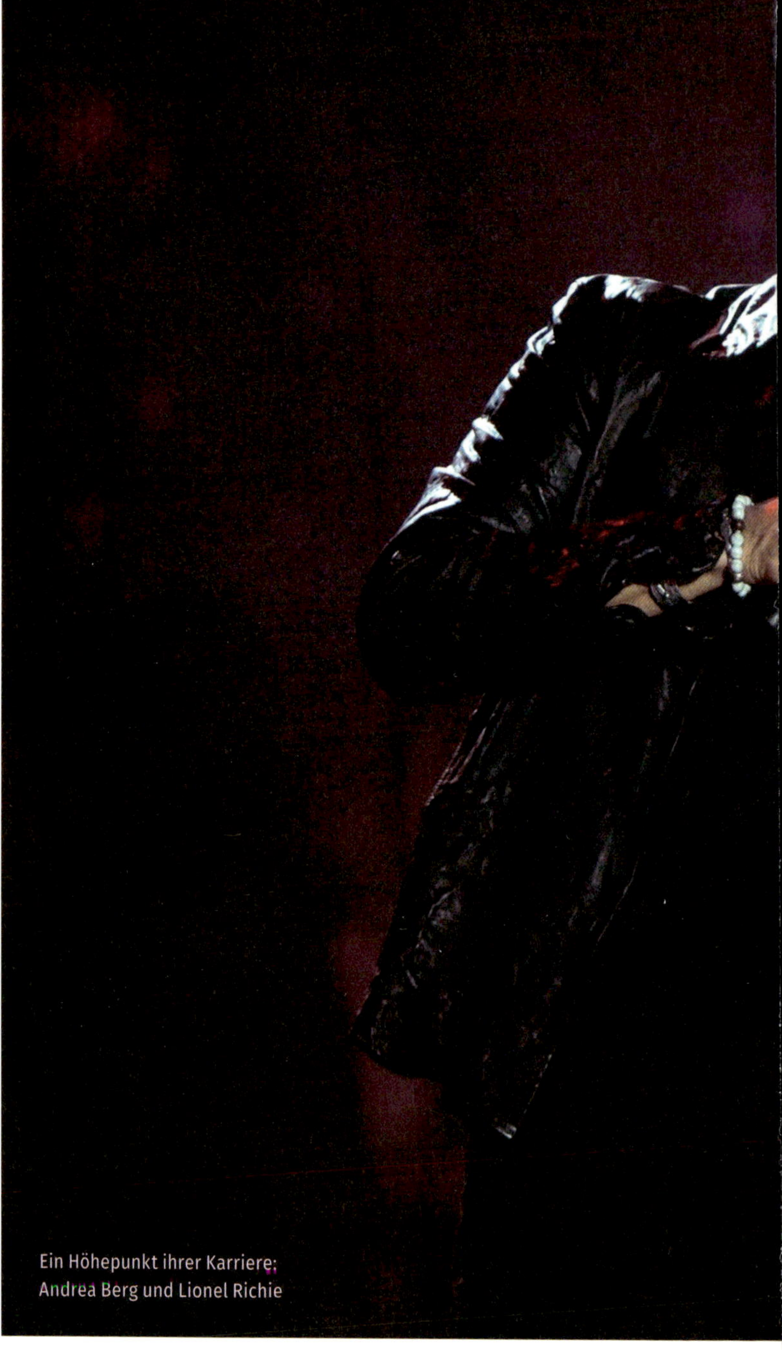

Ein Höhepunkt ihrer Karriere:
Andrea Berg und Lionel Richie

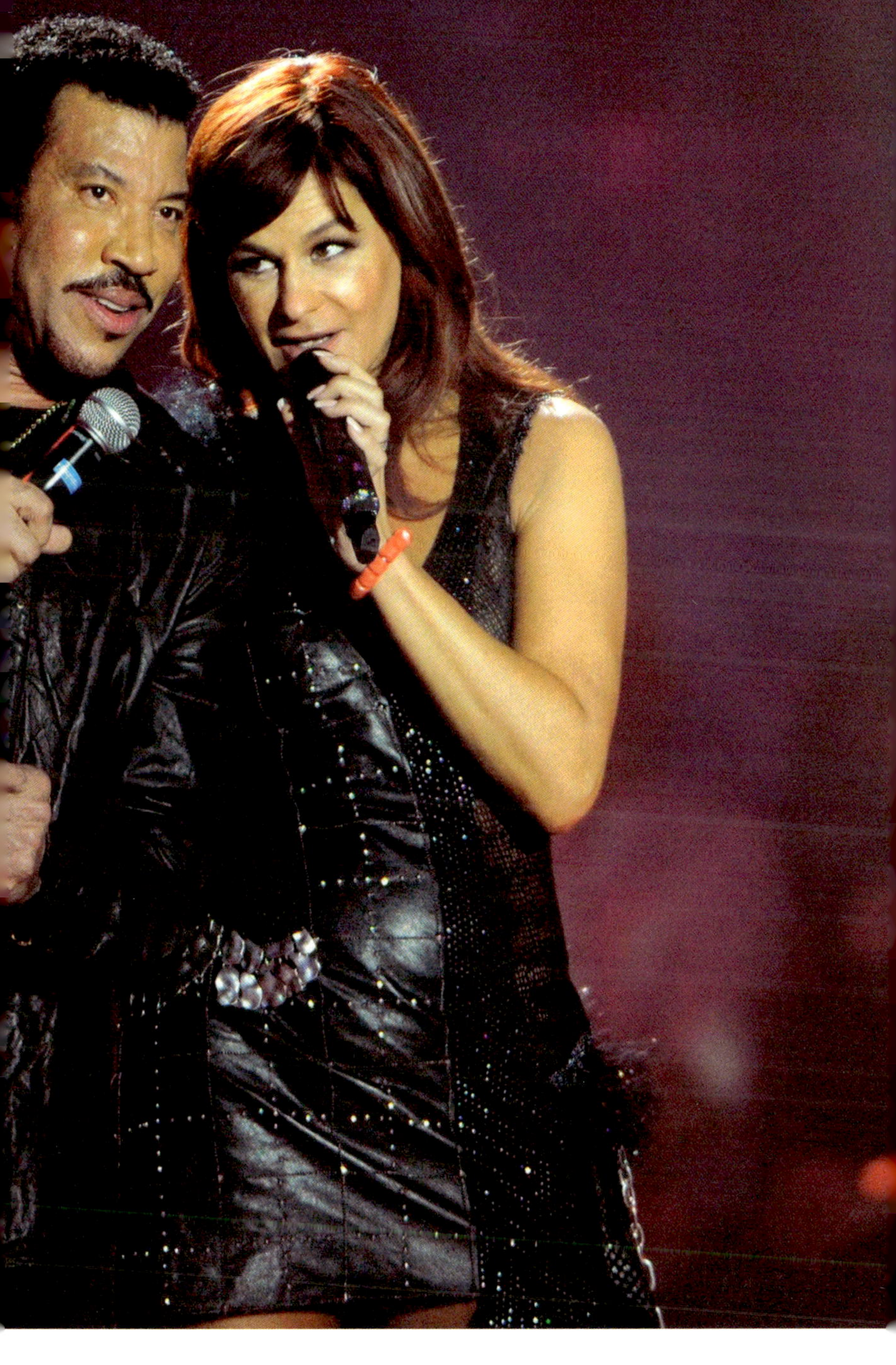

Goldene Stimmgabel und stand mit jedem neuen Album auf Platz 1 der Charts. Trotzdem hätten die meisten Menschen außerhalb des Schlagerkosmos mit dem Namen Andrea Berg nichts anfangen oder gar einen ihrer Titel benennen können.

Der Kulturkritiker Georg Seeßlen versuchte ihren Erfolg damit zu erklären, dass sie „die sexuelle Ökonomie des unteren Mittelstandes in Deutschland durch die Krisen begleite", indem sie den „Widerspruch von Begehren und Enttäuschung immer nur in einer Geste auf(hebe): im Träumen". Die Ironiefreiheit, die fehlende Überraschung, das pure „ICH und DU" – „Man könnte Andrea Berg wohl mit guten Gründen ein radikal antifeministisches Projekt nennen".

Damit war für lange Jahre bei der Einschätzung ihrer Musik und ihrer Person der Ton gesetzt. Da standen die Metropolen mit ihren bürgerlichen Musiktempeln gegen die Mehrzweckhallen und ländlichen Open-Air-Veranstaltungen. Man unterstellte Andrea Bergs Hörern (und vor allem den Hörerinnen) eine bockige Verweigerung, die Veränderungen der Welt zu sehen und zuzulassen und imaginierte bisweilen eine gesellschaftliche Atmosphäre kurz vor der Wirtshausschlägerei. Das Fehlen von Ironie ist in Deutschland ein schlimmer Vorwurf und so stellte man die Musik von Andrea Berg und damit auch einen Großteil des deutschen Schlagers in die kleinbürgerliche Ecke, in die er sich bald tatsächlich schmollend zurückzog.

Die Verteidigung oder Erklärung des Berg'schen Unterhaltungsformats wird durch ihre musikalische mélange aus Discofox und Eurodance nicht einfacher, es ist eine Musik, der Dieter Bohlen als Produzent arg zugesetzt hat. Ihre Texte aber schreibt Andrea Berg überwiegend selbst – und die sind ihrem Publikum wichtig. „Die Andrea, das ist eine von uns" heißt es bei den Konzerten, wenn die Sängerin zwischen ihren Liedern von den Hochs und Tiefs des Lebens erzählt, auch ihres Lebens und dem des Publikums. Es ist ein weitgehend unredigiertes, naturbelassenes Leben mit gescheiterten Ehen und einer späten, glücklichen Liebe. Ihre Texte wirken oft unfertig und voller Wiederholungen („Denn du bist wie ein Seelenbeben, wie ein Komet in meinem Leben"), aber so, versteht wohl das mitsingende Publikum, so ist es halt: das Leben. Ihren Kritikern begegnet Andrea Berg mit eiserner professioneller Freundlichkeit und echter rheinischer Zugewandtheit – die nicht darüber hinwegtäuschen sollen, wie viel harte Arbeit und Selbstdisziplin hinter ihrer Karriere stecken. Als sie sich 2016 zu Beginn eines Konzertes an der Pyrotechnik Verbrennungen zweiten und dritten Grades zuzog, sang sie noch über zwei Stunden das Konzert zu Ende. Auch dieses Ereignis wurde Teil ihres Mythos, als sie später erklärte: „Es war ein Glücksfall als Katastrophe verkleidet, denn es hätte viel schlimmer kommen können."

Andrea Berg wollte wohl nie etwas anderes sein als Andrea Berg, eine gelernte Arzthelferin aus Krefeld, die ihre Lieder mit echter und großer Hingabe für ihre Fans singt: unverstellt, mit beiden Beinen auf dem Boden, eine freigewählte Königin mit 15 Millionen Plattenverkäufen. Als Anfang 2013 der MDR eine Samstagsabendshow anlässlich ihres zwanzigsten Bühnenjubiläums aufzeichnete, gratulierten PUR, Semino Rossi, Roland Kaiser und Andreas Gabalier – Lionel Richie sang ein Duett mit ihr. Es war ein rauschender Abend und der Höhepunkt ihrer Karriere. Einer ihrer Gäste war auch die junge Helene Fischer, die später im Jahr ihr Album „Farbenspiel" veröffentlichte, im November dann die Single-Auskopplung „Atemlos durch die Nacht".

Knapp zehn Jahre später hatte Helene Fischer auch den Langstreckenrekord der Plattenverkäufe von Andrea Berg gebrochen: Eine neue Königin war geboren.

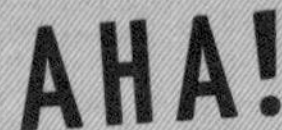

Weinende Schmetterlinge und andere Missverständnisse

Die Sprache der Schlagertexte wirft ab und an Fragen auf und stellt die Zuhörer auch immer mal vor Rätsel. Aber es kommt vor, dass sich diese manchmal nach Jahrzehnten doch noch auflösen:

Als Jürgen Marcus 1973 in einem seiner größten Erfolge sang „Schmetterlinge können nicht weinen, / drum wein' auch du nicht mehr um den Einen" zitierte er eine Begriffskombination, die der Schriftsteller Willi Heinrich 1969 mit einem Romantitel in die deutsche Unterhaltungsliteratur eingeführt hatte: „Schmetterlinge weinen nicht". 1970 erfolgreich verfilmt, reichte Heinrich dieses rätselhafte Begriffspaar nicht nur an Jürgen Marcus, sondern auch an die deutsche Neoromantik-Band „Novalis" weiter.

Die später dem Krautrock zugeschlagene deutsche Progrock-Band sang: „Wer Schmetterlinge lachen hört, der weiß, wie Wolken schmecken". 1975 hatte die Band ein erfolgreiches deutschsprachiges Album eingespielt, mit Texten, die dem Ton des 1801 gestorbenen Dichters nachempfunden waren. Dieser „Romantikrock" war Mitte der siebziger Jahre so erfolgreich, dass das Songzitat über lachende Schmetterlinge mit Wolkengeschmack als Wandtattoo für deutsche Wohnküchen bis heute beliebt ist. Allerdings häufig mit der falschen Zuschreibung des früh verstorbenen Dichters der deutschen Frühromantik.

Der Texter von „Wer Schmetterlinge lachen hört", Carlo Karges, wechselte später als Gitarrist zu Nena und schrieb mit „99 Luftballons" und vor allem „Irgendwie, irgendwo, irgendwann" seine Romantisierung deutscher Liedtexte weiter: „Im Sturz durch Zeit und Raum / Erwacht aus einem Traum / Nur ein kurzer Augenblick / Dann kehrt die Nacht zurück."

In Österreich passiert bekanntlich alles ein bisschen später, und so brachte das Nockalm Quintett erst 1990 das Album „Aus

Schmetterling trinkt Krokodilstränen.

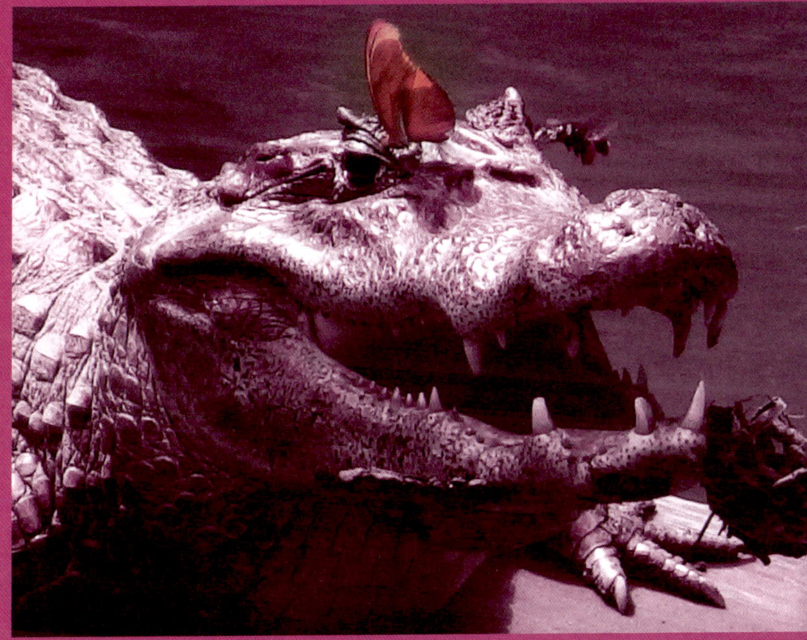

Tränen wird ein Schmetterling“ heraus, dessen gleichnamiger Titelsong behauptete: „Aus Tränen wird ein Schmetterling, / wenn ich bald wieder bei dir bin.“

Welche Beziehung Schmetterlinge tatsächlich zu Tränen haben, berichtete dann erstmals 2013 der Wasserökologe Carlos de la Rose im Fachjournal „Frontiers in Ecology and the Environment“. Er beobachtete in Costa Rica, wie Schmetterlinge die Tränen des Krokodilkaimans tranken, vermutlich wegen des Salzgehalts. Und so können Schmetterlinge tatsächlich nicht weinen oder lachen, aber die Krokodile in Südamerika denken vielleicht mit Danyel Gerards Erfolgsschlager von 1971:

„Butterfly, my butterfly, jeder Tag mit dir war schön,
Butterfly, my butterfly, wann werd‘ ich dich widersehn?”.

Geografie und Grammatik

„Kalkutta liegt am Ganges, Paris liegt an der Seine, doch das ich so verliebt bin, das liegt an Madeleine“ sang 1960 der Schweizer Vico Torriani. Doch Kalkutta heißt schon längst nicht mehr Kalkutta, sondern Kolkata und liegt auch nicht am Ganges, sondern am Hugli. Der Irrtum ist erstaunlich, nicht nur weil der Ganges über 300 Kilometer entfernt fließt, sondern weil der Reim und der Rhythmus auch mit Hugli funktionieren würden. Wenn Sie also in der Gegend sind, singen Sie bitte korrekt: „Kolkata liegt am Hugli“ und alles ist gut.

Wenn Sie mit Studienräten oder auch nur Germanisten über den deutschen Schlager sprechen, kommt unweigerlich das Beispiel „Marmor, Stein und Eisen bricht, aber unsere Liebe nicht“ – nebst der Diagnose, das sei ja wohl falsches Deutsch. An das Ende einer Aufzählung des Drafi-Deutscher-Hits müsse natürlich das Verb im Plural stehen, also „Marmor, Stein und Eisen brechen“. Ha! Setzen, 6!

Wenn Sie nun dem Oberstudienrat beweisen wollen, dass der gute Drafi doch nicht unrecht hatte, lernen Sie einfach den nächsten Absatz auswendig.

Der Duden verweist auf eine Sonderform des pluralischen Subjekts: Bei formelhaften Subjekten steht das finite Verb im Singular, wenn die Bestandteile des Subjekts als Einheit verstanden werden, z.B. in „dafür fehlt uns Zeit und Geld“. Möglich sei auch die Konstruktion einer Koordinationsellipse, eine Reihung mehrerer Sätze, wobei das finite Verb nur einmal genannt wird, um eine Wiederholung zu umgehen.

Oder Sie verweisen direkt auf das Vaterunser: „Denn dein ist das Reich und die Kraft und die Herrlichkeit.“

Amen.

Konstruktion einer Koordinationsellipse – Amen.

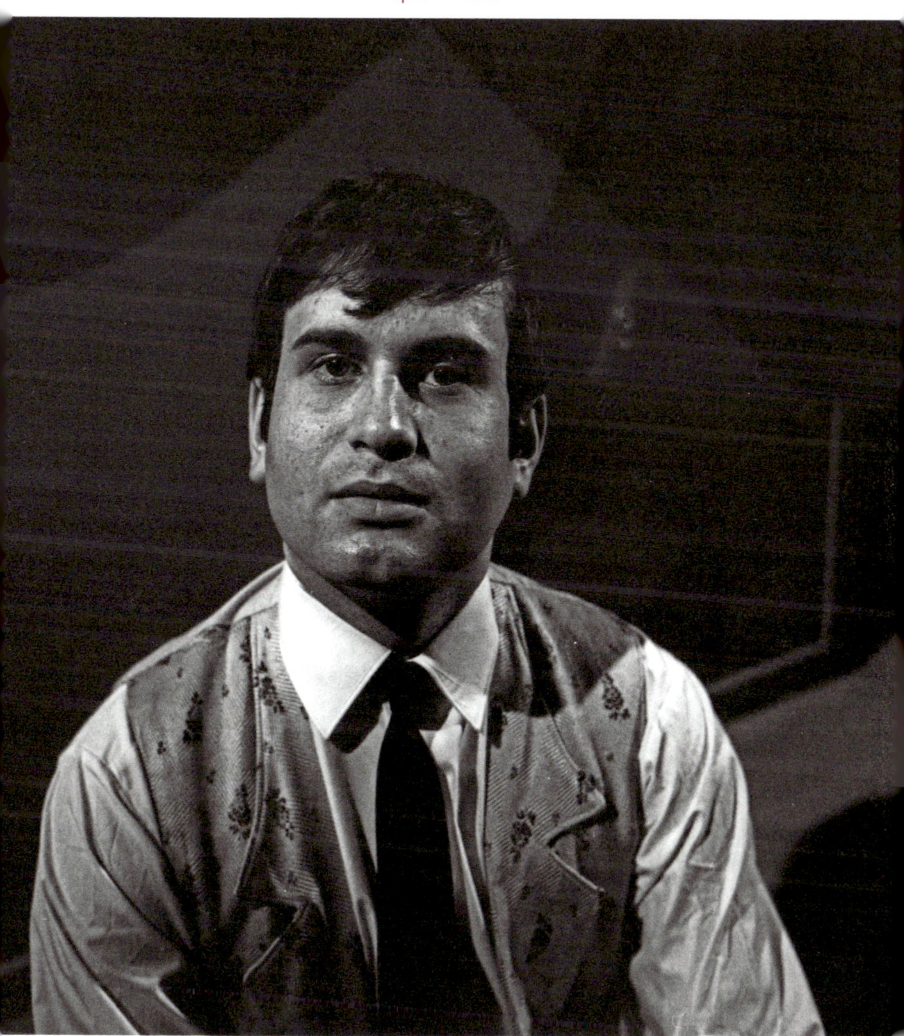

Der plötzliche Erfolg des Wolfgang Petry

Es war einmal eine Zeit, liebe Kinder, da kauften die Menschen ihre Schallplatten und später ihre CDs im Plattenladen. Im Eingang hing ein großes Plakat mit den aktuellen „Top 100". Und alle Welt dachte, diese Rangliste, ermittelt von „Media Control", gäbe die erfolgreichsten, sprich: meistverkauften Titel der Musikbranche wieder. Doch dann kam 1996 eine böse Fee namens „PhonoNet" und alles wurde anders. Was war geschehen?

Nun, fast 20 Jahre lang waren die Grundlage der „Top 100" eben keine objektiven Verkaufszahlen, sondern ausgewählte Plattenhändler entschieden nach Gefühl und handschriftlich ausgefüllten Listen, wer in der Hitliste vertreten sein sollte – und wer eben nicht. Dieses höchst ungerechte, manipulierbare und dem persönlichen Geschmack einiger Weniger ausgelieferte System spiegelte keine objektive Marktsituation, sondern das Wunschbild der Plattenverkäufer. Und die mochten mehrheitlich keine Schlager und deren Hörer. Da sich nicht nur das Angebot in den Plattenläden, sondern auch die Playlists der Radiostationen wesentlich nach dieser Liste richteten, schickten die Plattenfirmen sogenannte „Chartpromoter" durch die Geschäfte. Die sorgten dann mit persönlicher Ansprache und kleinen und großen Aufmerksamkeiten dafür, dass die Listen ihren Vorstellungen entsprachen.

Im Laufe des Jahres 1996 installierten dann ausgewählte Händler ein neues Kassensystem, welches zum ersten Mal ungeschönte und echte Zahlen an „Media Control" übermittelte. Prompt erschien Wolfgang Petry mit „Alles" auf Platz eins. „Das musste mir meine Plattenfirma erst erklären", meinte „Wolle" damals.

Was hiermit geschehen ist.

Einfach Wahnsinn – Wolfgang Petry sieht immer aus wie Wolfgang Petry.

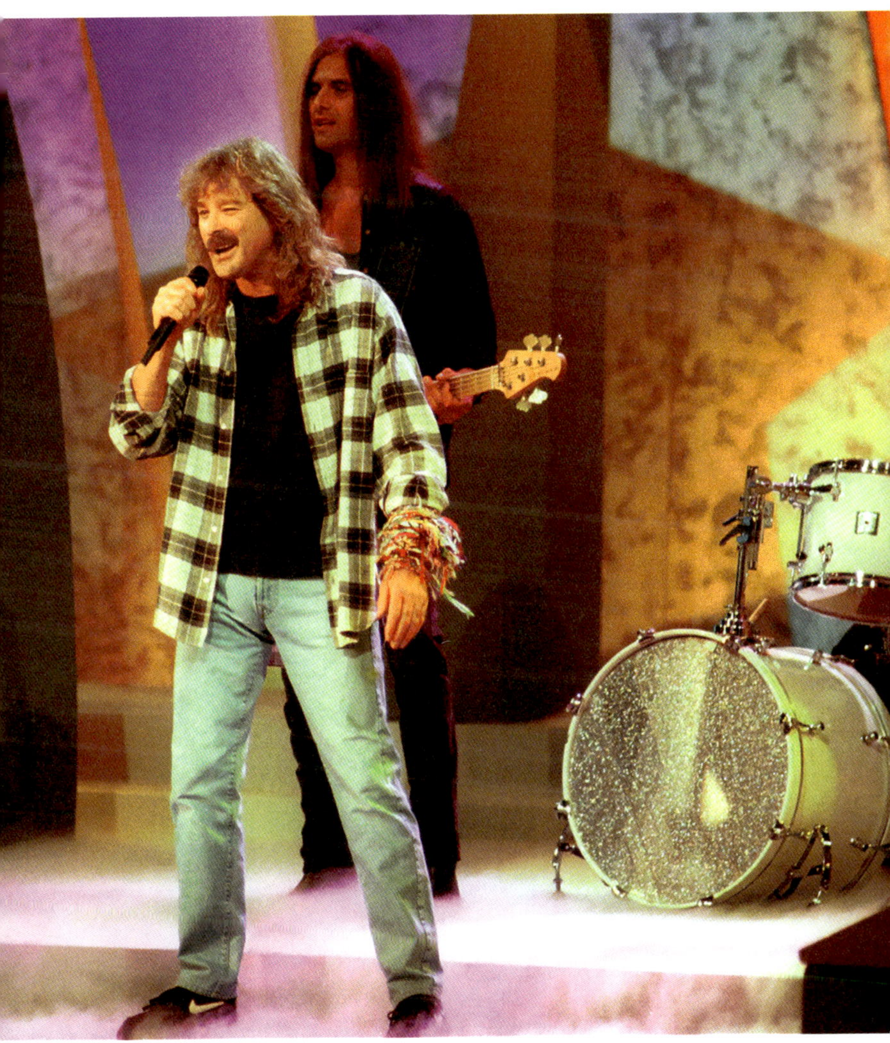

„Hello again“

Wahre Größe und echte Eleganz erkennt man auch daran, wie jemand mit der Versuchung umgeht, sein Leben neu zu erzählen. Howard Carpendale hat dem meist widerstanden.

Als in den neunziger Jahren Nelson Mandela zu einem Besuch in den damaligen Regierungssitz Bonn kam, sah man die beiden bei einem Empfang lachend zusammenstehen. Carpendale hatte gescherzt, Mandela solle doch bitte nicht versuchen, der berühmteste Südafrikaner in Deutschland zu werden – „den Job habe ich schon“. Er selbst hatte sein Heimatland bereits Mitte der sechziger Jahre Richtung Europa verlassen, aus „persönlichen Gründen“. Er lehnte die Apartheid schon damals ab, wollte seine Entscheidung aber nicht im Nachhinein politisch aufladen – er hatte sich einfach „von England mehr versprochen“. Erst nach Jahrzehnten erzählte er von seiner Begegnung 1969 mit Paul, George und Ringo – John war nicht dabei –, als er die deutsche Fassung des Beatles-Klassikers „Ob-la-di-Ob-la-da“ in London aufnahm. Und dass er 1965 mit seiner Sportlerfigur (südafrikanischer Jugend-Kugelstoßmeister) regelmäßig als Security im Bühnengraben bei einer englischen Rolling-Stones-Tour stand. So war das eben damals.

Die zwangsläufige weltmännische Beiläufigkeit und seine ungewöhnlichen sportlichen Fähigkeiten, neben Tennis natürlich auch Cricket, halfen ihm durch seine Krisen und gaben ihm Selbstvertrauen. Als nach „Das schöne Mädchen von Seite 1“ von 1970 der Erfolg zunächst ausblieb, begann er, seine Titel selbst zu komponieren und zu produzieren. Der Erfolg kam zurück: „Du fängst den Wind niemals ein“ oder „Da nahm er seine Gitarre“. Carpendale erkannte Qualität und sang zahllose internationale Hits mit deutschen Texten und seinen neuen Arrangements ein – „Fremde oder Freunde“ nach „Los hombres no deben llorar“ oder „Deine Spuren im Sand“ nach „Lu-Le-La“ von Neil Lancaster.

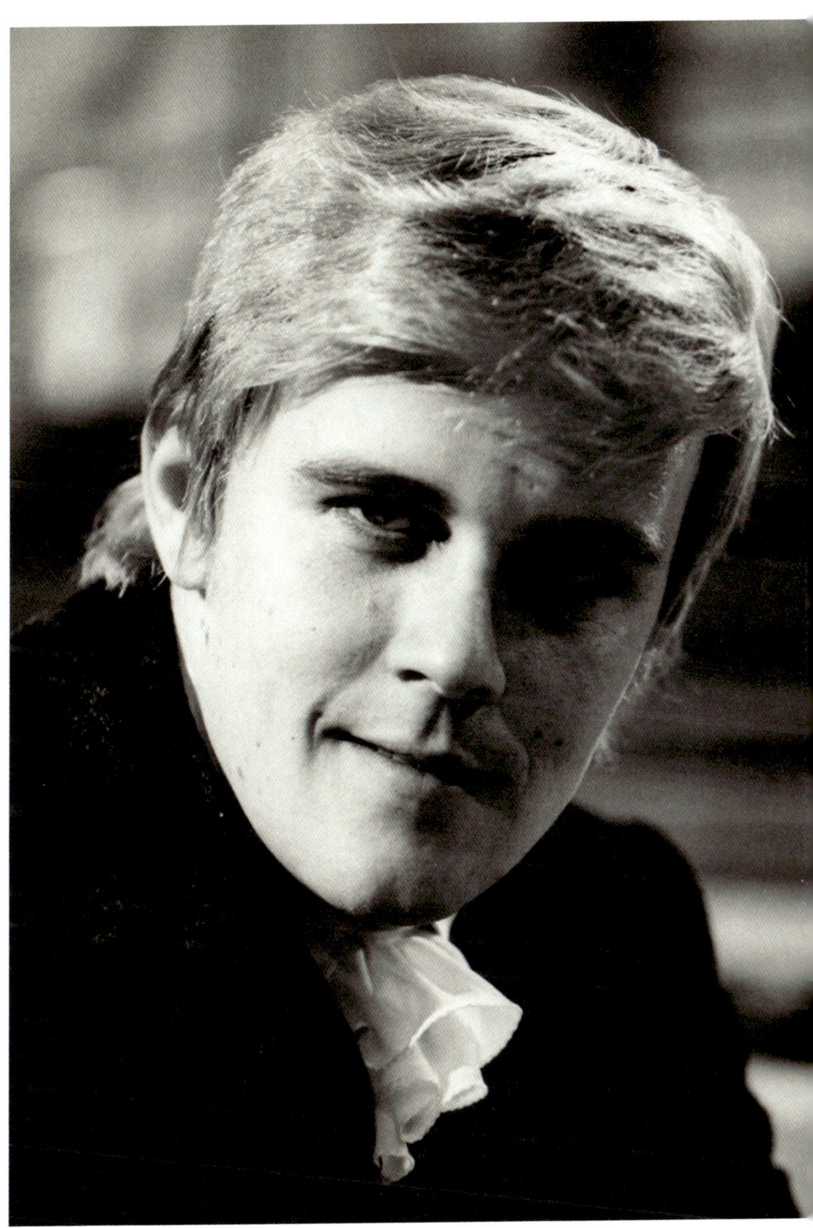

1969 – looks like swinging London

Im Sport hatte Carpendale „Demut“ gelernt, und so ging er auch seine weitere musikalische Karriere an. „Ich sehe mich als Entertainer, nicht als Schlagersänger“. Die musikalische Qualität seiner Tour-Band ist in der Szene beinahe sprichwörtlich, seine akkurate Vorbereitung und sein Respekt für das Publikum lassen seit Jahrzehnten seine Konzerte zu Ereignissen werden – seit dem Tod des von ihm hochverehrten Udo Jürgens ist er der einzige echte Live-Großkünstler der Schlagerbranche. Carpendale benutzt seine Konzerte nie zur bloßen Promotion seiner (Schlager-)Aufnahmen, sondern arrangiert mit seinen hervorragenden Musikern die Titel neu, sang auch schon mal die fremdsprachlichen Originale seiner Hits oder bis heute die Titel von Elvis Presley. Seit Jahrzenten mit einer (leichten) MS-Erkrankung konfrontiert, nimmt er auch diese fordernde Situation mit Offenheit und Souveränität an. Als er nach einem ersten Rückzug von der Bühne Anfang des Jahrtausends in eine virulente Krise geriet, die

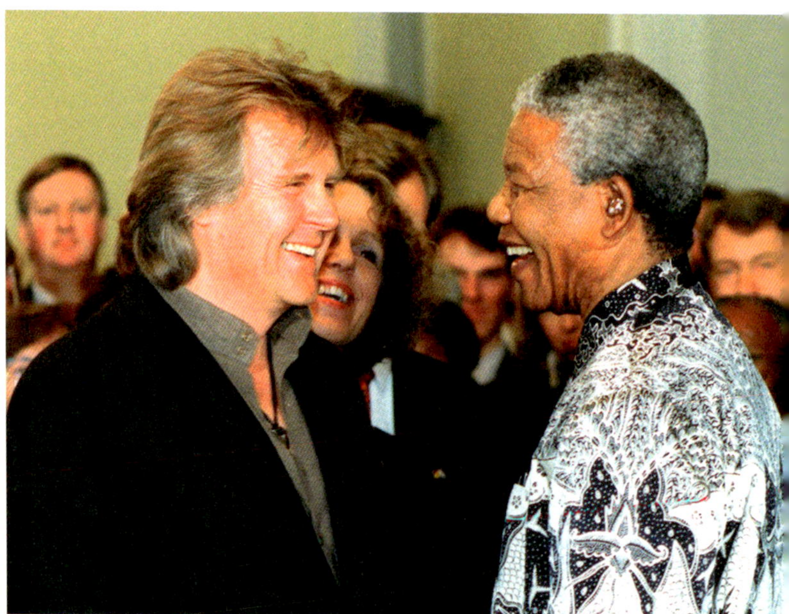

„Der berühmteste Südafrikaner in Deutschland? Den Job habe ich schon!“

2022 – beim Vorstellen der hervorragenden Musiker seiner Band

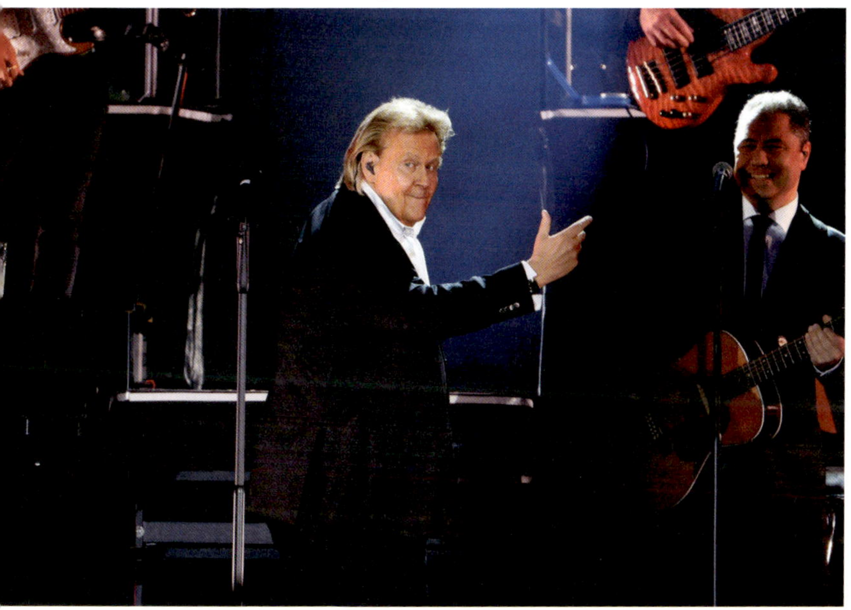

„beschissensten Jahre meines Lebens", suchte er, der Show-Profi, sich professionelle Hilfe – mit Erfolg. Er ist wieder da, spielt in vollen Hallen, plaudert in Talkshows über sein Leben und seine Krisen und genießt seinen beinahe unzerstörbaren Ruhm.

Und bitte vergessen Sie nicht, wenn Sie ihm jemals begegnen sollten – im Aufzug oder im Restaurant –, bitte sprechen Sie ihn nie mit „Howie" an. Nie. Das empfindet er als respektlos und er hat damit recht. Das Recht des großen Künstlers.

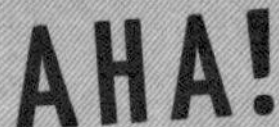

Die – fast – erfolgreichste (Schlager-)Sängerin der Welt

Dass Madonna die Künstlerin mit den meisten Plattenverkäufen – fast 350 Millionen – ist, überrascht nicht. Aber niemand, wirklich niemand, wird Ihnen glauben, wenn Sie erzählen, wer nur knapp hinter ihr als kommerziell zweiterfolgreichste Künstlerin gilt: es ist – Nana Mouskouri!

In Deutschland wurde die damals 27-jährige Nana Mouskouri 1961 mit „Weiße Rosen aus Athen" schlagartig bekannt, ihre erste nichtgriechische Aufnahme wurde direkt eine Goldene Schallplatte. Das von ihr gesungene griechische Original hieß noch (übersetzt) „Wenn du dreimal pfeifst", die französische Version dann schließlich „roses blanche de Corfu" – in Deutschland kamen die Blumen dann aus „Athen". Die sprachbegabte Griechin hatte eine klassische musikalische Ausbildung und machte und konnte von Anfang an alles: Schlager (in mehreren Sprachen), Swing, Musicals, Chanson und Jazz. In jedem Land hatte sie ein musikalisch unterschiedliches Image: In den USA trat sie häufig mit dem großen Harry Belafonte auf und Quincy Jones nahm mit ihr das Jazz-Album „The girl from Greece sings" auf. Michel Legrand machte sie in Frankreich berühmt (17 Goldene Schallplatten) und in England wurde Sie 1970 zur „Sängerin des Jahres" gewählt.

Alle großen Künstlerinnen und Künstler erkennen einander – Leonard Cohen und Bob Dylan, deren Lieder sie interpretierte, waren gute Freunde, die häufig auf ihren Konzerten auftauchten. Mouskouris Bühnenpräsenz verbesserte sie noch durch persönliche Ratschläge Marlene Dietrichs, und bis heute freut sie sich bei Konzerten in Deutschland auf die Begegnung mit Udo Lindenberg („Udo ist wirklich einmalig").

Nana Mouskouri lebte in den USA, Frankreich und der Schweiz, während der Jahre der griechischen Militärdiktatur machte sie,

Der dreifache Oscar-Gewinner und Komponist Michel Legrand schätzte Nana Mouskouri.

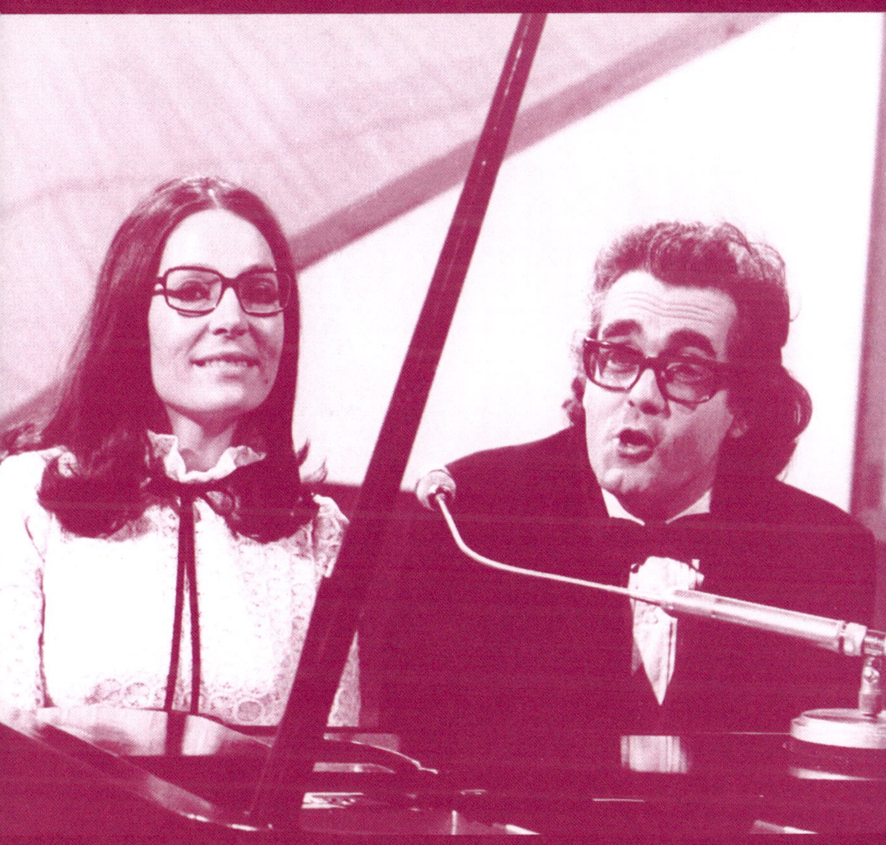

ähnlich wie Vicky Leandros, um ihr Heimatland einen großen Bogen. Ihr Stilbewusstsein hatte sie auch politisch richtig handeln lassen. Nana Mouskouri hatte nie ein Problem damit, in Deutschland „nur" eine Schlagersängerin zu sein. Als nach 27 Jahren ihr Quincy Jones-Album als „Nana Mouskouri in New York"

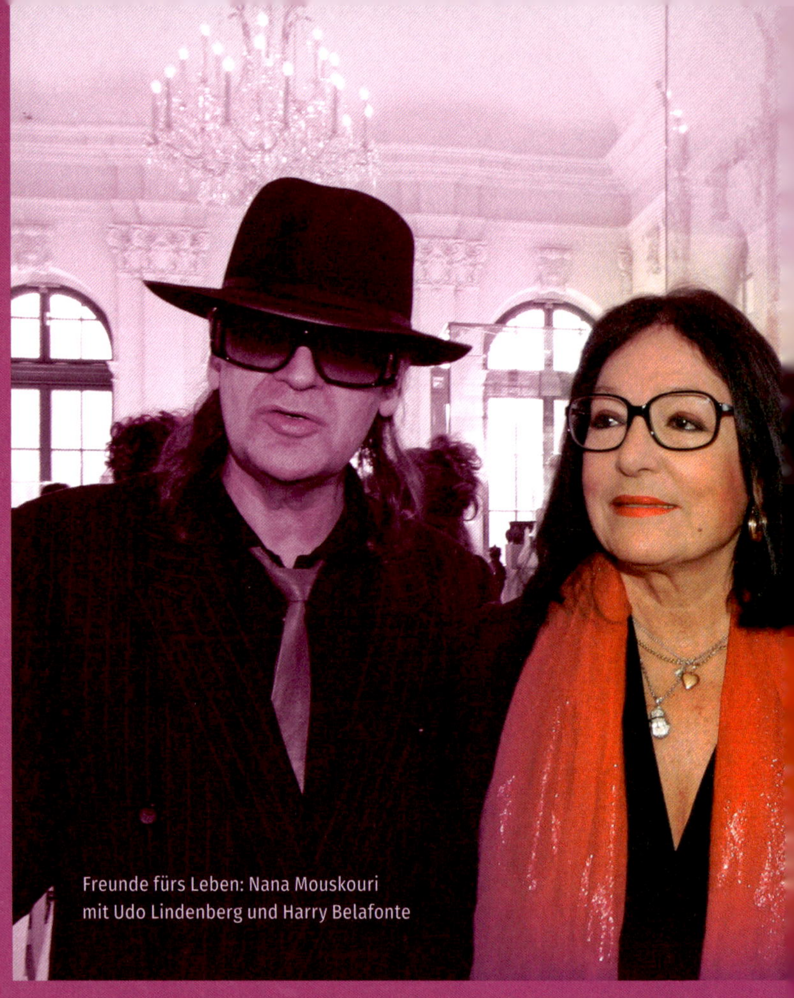

Freunde fürs Leben: Nana Mouskouri mit Udo Lindenberg und Harry Belafonte

wiederveröffentlicht wurde, waren die Überraschung und der Erfolg in Deutschland groß: 2000 erhielt sie dafür den „German Jazz Award". Wenn Nana Mouskouri heute in Deutschland auftritt, singt sie nicht nur Jazz und Titel von Elvis oder Bob Dylan, sondern mit großer Selbstverständlichkeit auch ihre alten Schlagererfolge. Und Titel von Amy Winehouse.

Von allen Sängerinnen des Schlagers ist Nana Mouskouri die kosmopolitischste, vielleicht konnte sie gerade deshalb neben den anderen musikalischen Genres den deutschen Schlager so ernst nehmen. Oder wollen Sie einer Frau den musikalischen Ge-

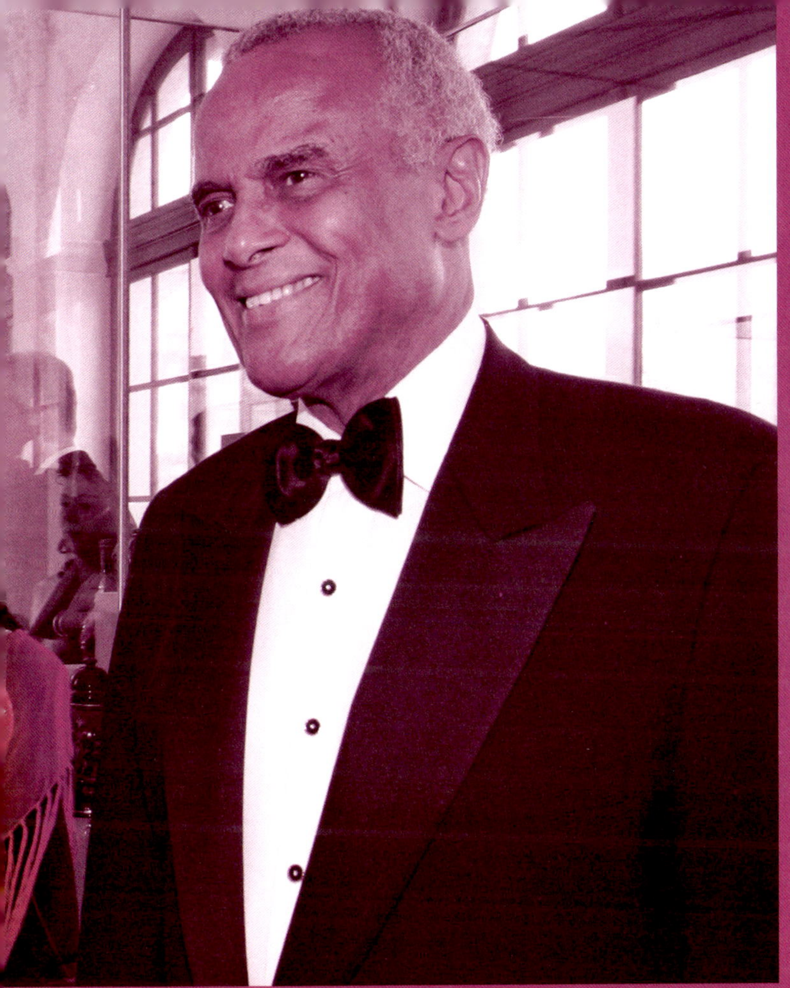

schmack absprechen, nach deren Konzerten schon mal Leonard Cohen und Bob Dylan in ihrer Garderobe saßen?

Vor über 60 Jahren wurde sie von Harry Belafonte gebeten, bei gemeinsamen Auftritten ihre Brille abzusetzen, „aus optischen Gründen". Freundlich widersprach sie, „auch aus optischen Gründen. Ohne Brille sehe ich nämlich nichts." Und so hatte sie auch damals die richtige Antwort gegeben.

Wir müssen uns Nana Mouskouri als einen glücklichen Menschen vorstellen.

Vom Musikantenstadl zum Schlagerboom

Als Karl Moik im Jahr 2000 im Münchner Tatort („Einmal täglich") einen Kurzauftritt als Leichenbeschauer hatte, bewies er nicht nur souveräne Selbstironie, sondern kommentierte den Tod gelassen mit „Wir müssen alle mal gehen". Als er dann fünf Jahre später selber gehen musste und sein Vertrag als Moderator des „Musikantenstadl" aus „Altersgründen" nicht mehr verlängert wurde, bekam er im Anschluss an die Aufzeichnung seiner letzten Sendung einen leichten Schlaganfall.

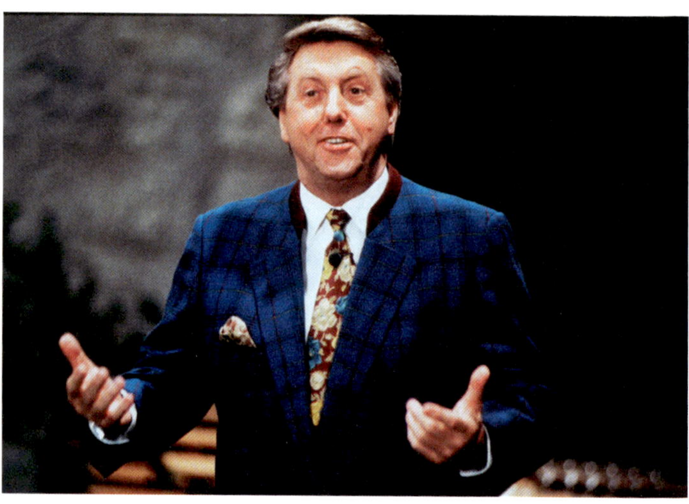

Ab 1983 sendet der „Musikantenstadl" auch in Deutschland – und Karl Moik ist sein Prophet.

Der „Musikantenstadl", das war schließlich die Erfindung des 1939 im österreichischen Linz geborenen Musikers und Radiomoderators gewesen, sein Konzept, das 1981 im österreichischen TV startete und wegen des großen Erfolgs zwei Jahre später vom

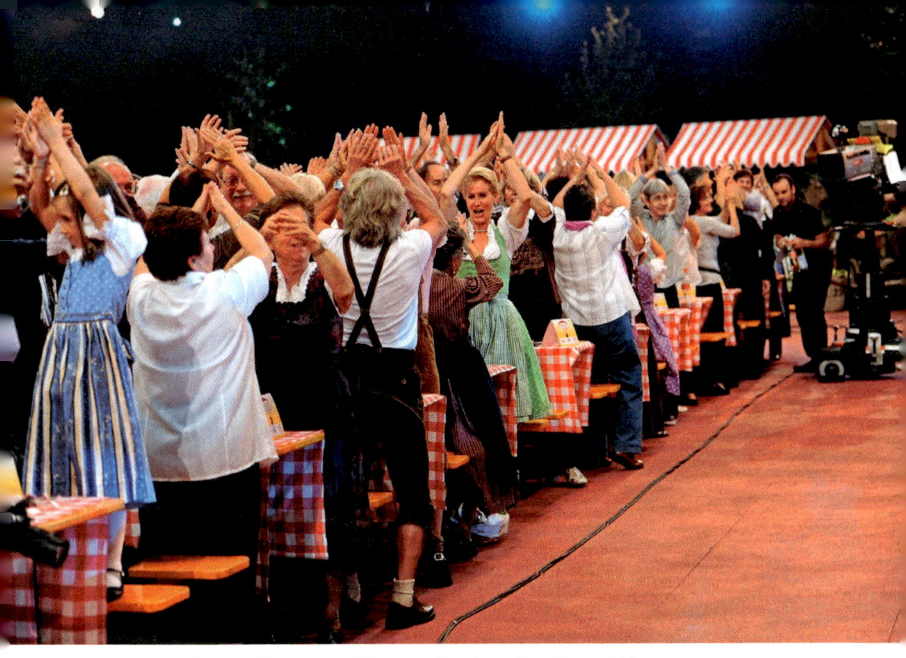

Gehörte beim „Musikantenstadl“ zur Studiodekoration: das Publikum

schweizerischen und deutschen Fernsehen übernommen wurde. Neben dem seit 1986 jährlich ausgestrahlten „Grand Prix der Volksmusik“ prägte und dominierte der „Stadl“ bald die Szene der volkstümlichen Musik.

Die fernseh- und schallplattentaugliche volkstümliche Musik übernahm aus der traditionellen Volksmusik einige typischen Instrumente wie Trompete, Akkordeon oder Klarinette und führte sie mit meist alpenländischer Tracht zusammen. Volkstümliche Musik ist aber keine „klassische“ Volksmusik, sondern eher eine Neuschöpfung, unter Benutzung traditioneller musikalischer Elemente. Das schlagergewöhnte Publikum sah die Abgrenzung ohnehin nicht so eng, und so konnten mit dem Boom der volkstümlichen Musik auch Schlagerveteranen in der volkstümlichen Musik unterkommen.

„Musikantenstadl“-Erfinder Moik nutzte seine fast uneingeschränkte Autorität und erweiterte den Fundus seiner Gäste immer weiter. Neben den eingeführten Stars der Branche traten auch mal Stefan Raab, Harald Schmidt oder Max Raabe auf. Bald wurde die Show nicht nur in deutschsprachigen Ländern auf-

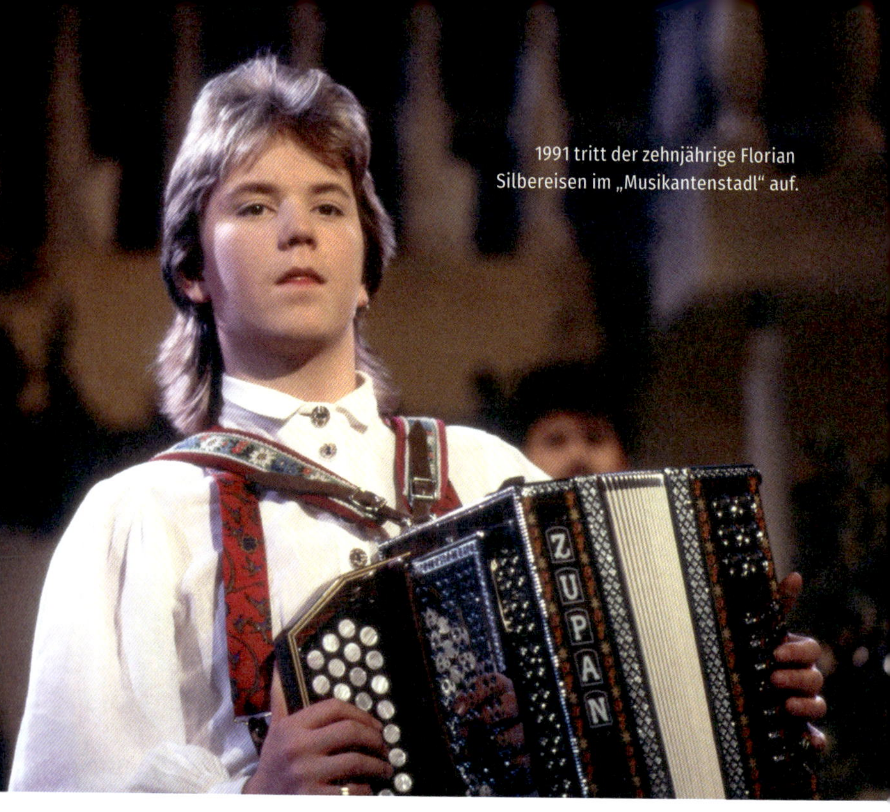

1991 tritt der zehnjährige Florian Silbereisen im „Musikantenstadl“ auf.

gezeichnet: 1985 in Jugoslawien und – in Zusammenarbeit mit dem sowjetischen Rundfunk – 1988 tatsächlich in Moskau. Es gab „Musikantenstadl“ aus dem kanadischen Toronto, aus Melbourne, New York und aus Peking.

Karl Moik fuhr mit seinem Tross in die Welt, lud auch immer örtliche Künstler in die extraterritorialen Sendungen ein und erweiterte seinem Publikum auch die musikalische Welt. Es traten Schuhplattler, Samba-Gruppen und Mariachi-Bands auf. So begleitete er seine Zuschauer in eine neue, internationale Welt. „Ich bin ein Mensch, der gern in die Zukunft blickt und die Gegenwart liebt“, erklärte er – mit „früher war alles besser“ musste man ihm nicht kommen.

In den 25 Jahren der „Stadl“-Zeit integrierte Karl Moik alles und alle in die „Familie der volkstümlichen Musik“ – alles, was ihm gefiel. Und das Publikum folgte ihm. Was ihm nicht gefiel, hatte es allerdings schwer. Mit seinem umarmenden – für manche übergriffigen – Charme hatte er in den achtziger Jahren volkstümliche Musik erfolgreich und zu einer gut verkäuflichen Marke gemacht. Die Fernsehlandschaft der neunziger Jahre war bald nicht nur von den neuen Privatsendern geprägt, sondern auch von einem Boom volkstümlicher Musiksendungen: „Superhitparade der Volksmusik", „Schlagerparade der Volksmusik", „Die volkstümliche Hitparade", „Musikantenscheune", „Krone der Volksmusik" oder „Lustige Musikanten" . Viele dieser Sendungen gingen mit ihren Moderatoren und Interpreten auf ausgedehnte Tourneen, veröffentlichten Musiksampler auf CD, die sich millionenfach verkauften. Es wurde bald einfach zu viel – oft verwandelten sich die volksmusikalischen Shows in ihre eigenen Karikaturen mit den immer gleichen Interpreten. Die privaten Fernsehsender stiegen aus und wandten sich wieder dem werberelevanten, jüngeren Publikum zu. 2010 setzte das ZDF nach 25 Jahren den „Grand Prix der Volksmusik" ab, auch der „Musikantenstadl" verlor kontinuierlich Zuschauer, wurde 2015

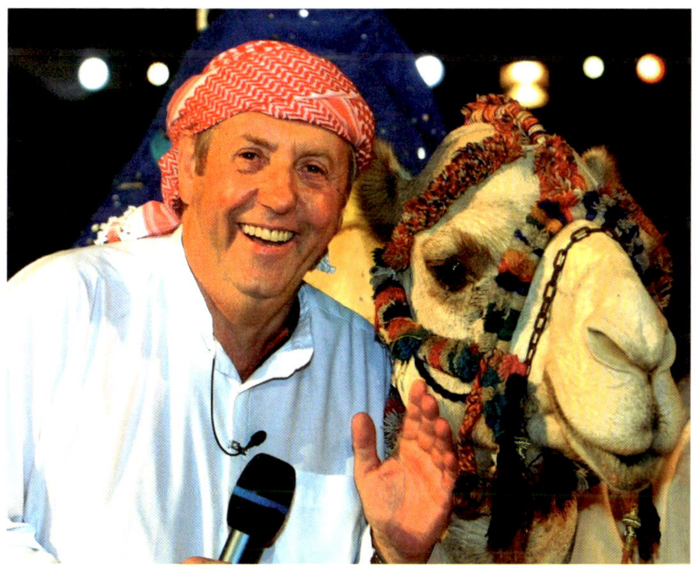

Karl Moik (links) und der „Musikantenstadl" 2001 in Dubai

in „Stadl-Show“ umbenannt und wechselt noch mehrfach Konzept und Moderatoren. Seit 2016 gab es nur noch gelegentliche Sonderausgaben zu Silvester.

Am Ende hat der König dann doch noch seinen Kronprinzen gefunden, als 1991 der zehnjährige Florian Silbereisen in Karl Moiks „Musikantenstadl“ auftrat. Silbereisen übernahm mit 22 Jahren die „Feste der Volksmusik“-Reihe der ARD und führte die volkstümliche Musik endgültig mit dem volkstümlichen Schlager zusammen. Die Grenzen zum Schlager sind nun fast vollständig verschwunden – in seinen Sendungen treten Marianne und Michael oder die Wildecker Herzbuben neben Frank Schöbel, Mary Roos und Ross Antony auf. Aus den „Festen der Volksmusik“ wurden bald die „Schlagerstrandparty“ oder der „Schlagerboom“, die aber erstaunlicherweise immer noch neben internationalen Interpreten wie Chris de Burgh oder Bonnie Tyler, klassischen Schlagersängern wie Roland Kaiser und Howard Carpendale auch volkstümliche Stimmen wie Die lustigen Almdudler oder Die jungen Zillertaler präsentieren. Ist das die Zukunft des volkstümlichen Schlagers?

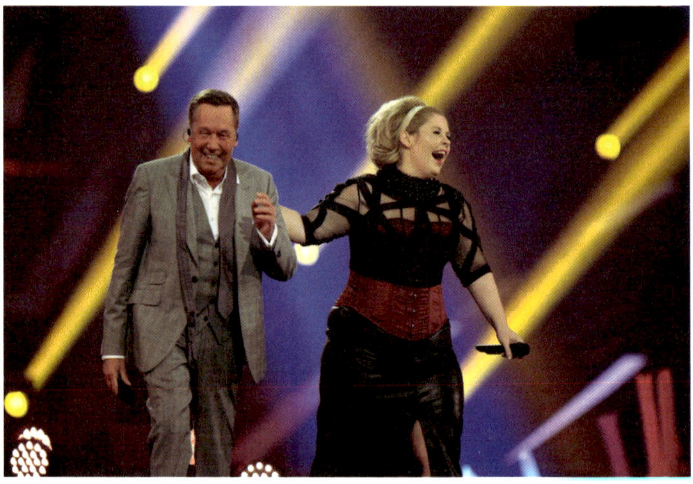

Maite Kelly und Roland Kaiser haben Spaß beim „Schlagerboom“.

„Wir brauchen keine Lügen mehr“

Als Frank Schöbel im Mai 1989 sang „Wir verschweigen uns nichts mehr / Denn wir haben gelernt / Durchs Verschweigen verliert man sich. (...) Und wir sperr´n uns nicht mehr / Ins Lügendickicht ein“ war die DDR bereits in Auflösung begriffen. „Wir brauchen keine Lügen mehr“ war natürlich schon früher geschrieben und produziert worden, ist aber ein schönes Beispiel dafür, dass Schlagertexte häufig den Zeitgeist und seine Umbrüche in schlagerhafter Lyrik spiegeln können. „Seit die Wahrheit in uns wohnt / Ist ein Wort nicht nur ein Wort. / Und wir lieben uns wie nie vorher / Denn wir brauchen keine Lügen mehr.“

West- und ostdeutscher Schlager waren anfangs durch die gemeinsame Sprache eng verbunden. Die Grenzen zum Westteil Berlins waren in den fünfziger Jahren noch offen, und so gab es einen regen Austausch vor allem von West nach Ost. Ost-Interpreten hatten Verträge mit westdeutschen Plattenfirmen, und Sonja Siebert und Herbert Klein aus Ostberlin und die Geschwister Ilse und Werner Hass aus Westberlin bildeten gar bis 1957 „Die singenden Vier“. Die Grenzschließung im August 1961 änderte in der Kulturpolitik und auch im Schlager vieles. Persönliche und künstlerische Kontakte in den Westen waren kaum noch möglich (oder erwünscht), stattdessen wurde die musikalische Kooperation innerhalb des „sozialistischen Lagers“ ausgebaut. Das „Festival des polnischen Liedes“ ab 1963 oder „Das internationale Schlagerfestival der Ostseeländer“ ab 1962 (an dem auch westlich orientierte Staaten wie Dänemark oder Schweden teilnahmen) und das „Schlagerfestival der Freundschaft“ ab 1968 sorgten für die auch in der DDR ersehnte Internationalität. Waren ausländische Schlagerinterpreten in Westdeutschland fast ausnahmslos Vertreter der beliebten Urlaubsländer wie Italien, der Schweiz, Niederlande, Griechenland, Spa-

Disko im Kulturpalast Dresden beim Internationalen Schlagerfestival 1976

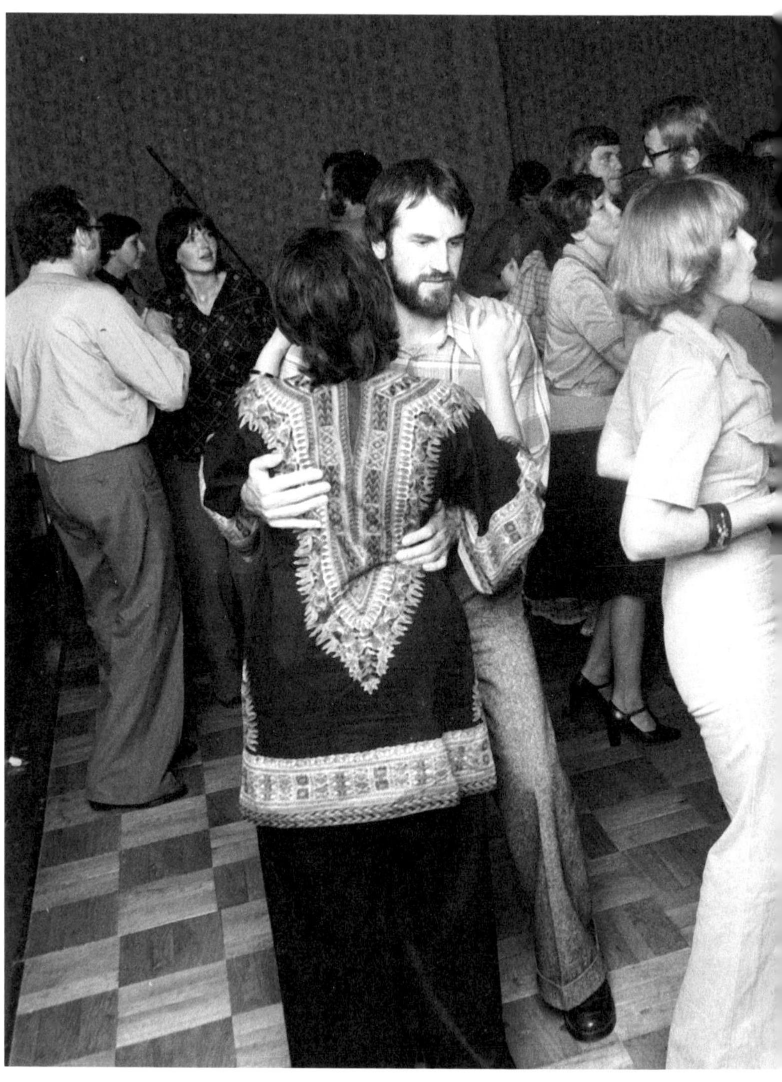

nien oder Skandinavien, sangen im DDR-Schlager nun Zsuzsa Koncz aus Ungarn, Alla Pugatschowa aus der Sowjetunion oder Helena Vondrackova aus der Tschechoslowakei.

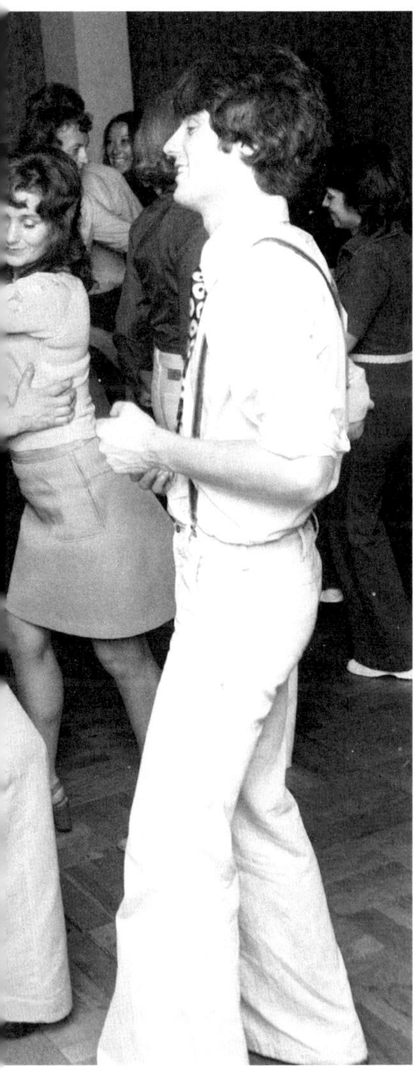

Die Modernisierung des Schlagers in den sechziger Jahren durch den englischen Beat traf in der DDR auf offiziellen Widerstand. Walter Ulbricht hatte auf dem XI. Plenum des ZK der SED verkündet: „Ist denn wirklich so, dass wir jeden Dreck, der vom Westen kommt, nu kopieren müssen? Ich denke, Genossen, mit der Monotonie des Je-Je-Je, und wie das alles heißt, ja, sollte man doch Schluss machen". Die Reglementierung der öffentlich gespielten Musik war in der DDR einfach: Auftretende Musiker benötigten eine offizielle Spielerlaubnis, wurde diese nicht erteilt oder entzogen, war jeder Auftritt unmöglich. Musiker mussten verpflichtend vor einer staatlichen Einstufungskommission vorspielen, die dann auch die Honorarklasse festlegte. Dieser massive Eingriff in die künstlerische Auftrittsfreiheit wurde in der „Zulassungsordnung" ausgeführt: Der Entzug der Zulassung erfolgt, wenn „die erforderliche gesellschaftliche, moralische oder fachliche Eignung nicht mehr vorliegt oder gegen das moralische Empfinden (...) der Werktätigen (...) verstoßen wird".

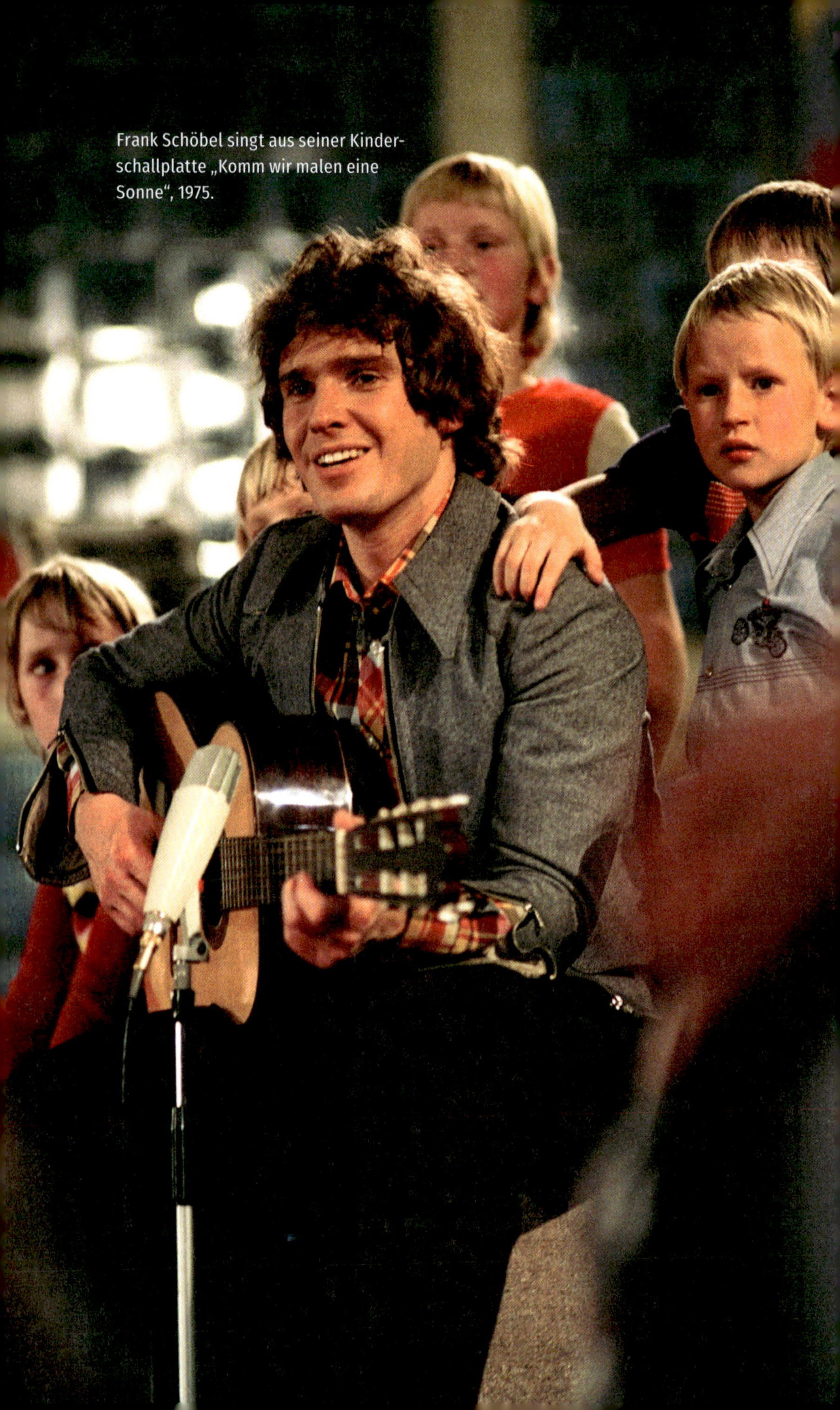

Frank Schöbel singt aus seiner Kinderschallplatte „Komm wir malen eine Sonne“, 1975.

Staatliche Kontrollen und Beschränkungen führen immer zu einer Verarmung der künstlerischen Qualität, Innovationen lassen sich nicht in Fünfjahresplänen darstellen. Und so schaute der Osten musikalisch weiter in den Westen, um ihn entweder nachzuahmen oder sich von ihm abzugrenzen. Der erwünschte Anteil öffentlich gespielter „Westmusik“ wurde schon früh reglementiert (meist 40 %), aber bei jeder Gelegenheit ignoriert. Im Gegensatz zum „West-Schlager“, der im Osten Deutschlands bekannt und beliebt war, blieben DDR-Schlager im Westen fast unbekannt. Als Frank Schöbel mit „Wie ein Stern“ 1972 sogar in „Musik aus Studio B“ im Westfernsehen auftrat, war diese Ausnahme nicht nur ein Ergebnis der überragenden Persönlichkeit des Sängers und der musikalischen Qualität des Titels, sondern auch ein Zugeständnis an die neue Ost- und Entspannungspolitik der westdeutschen Regierung.

Die Bedeutung der Musik einer Epoche lässt sich, unabhängig von den gesellschaftlichen Verhältnissen, wohl größtenteils als generationsabhängig begreifen – die Musik seiner Jugend begleitet einen Menschen ein Leben lang. Die Bedeutung des Schlagers der DDR lässt sich so auch als kollektive Erfahrung eines untergegangenen Landes lesen. Das Gefühl der Entwertung von 40 Jahren Unterhaltungsmusik und der Erfahrungen des eigenen Lebens lässt einen objektiven Blick auf den ostdeutschen Schlager vielleicht auch nach über 30 Jahren noch nicht zu. Eine originäre ostdeutsche Darstellung des Schlagers der DDR steht immer noch aus – und wäre doch (frei nach Michael Barakowski) so wichtig als Beschreibung einer „Zeit, die nie vergeht“.

Verrückt nach Mary

Der 5. Mai 1984 war für Sie „ein Alptraum". Dabei hatte Mary Roos die Vorentscheidung gewonnen und vertrat nach 1972 zum zweiten Mal Deutschland beim ESC in Luxemburg.

Beim ersten Mal war Mary Roos 23 Jahre alt und „Nur die Liebe läßt uns leben" der Überraschungserfolg des Schlagerwettbewerbs gewesen. Sie erzielte einen hervorragenden dritten Platz und nahm ihren Titel auch auf Englisch („Wake me early in the morning"), Französisch („Nous") und Italienisch („Non sono più bambina") auf. Alles scheint vorgezeichnet: der internationale Ruhm, Engagements in Europa und in Übersee.

1984 ist alles anders. Mary Roos hat später selbst erzählt, dass sie kurz vor ihrem Auftritt einen Anruf bekam und so von einer folgenreichen Affäre ihres Mannes erfuhr. Dessen Geliebte war schwanger und wollte Geld. „Wie eingefroren" absolvierte sie ihren Auftritt und sang einen Text, der ihre eigene emotionale Situation beschrieb:

„Also dann adieu / Ich mach dir keine Szene. Dreh dich um und geh / dein Mitleid brauch ich nicht. Vielleicht bin ich verzweifelt / Vielleicht geht es mir schlecht. Doch du wirst seh'n / jetzt werde ich erst recht ... /Aufrecht geh'n."

Mary Roos besang vor über 200 Millionen nichtsahnenden TV-Zuschauern ihre persönliche Tragödie in einem „furchtbaren Auftritt", wie selbst sagte, mehr als Platz 13 war nicht drin.

Die siebziger Jahre waren auch für sie eine erfolgreiche und ereignisreiche Zeit gewesen. Nach ihrer ersten Grand Prix Eurovision-Teilnahme organisiert ihr Manager und erster Ehemann Pierre Scardin eine zweite Karriere in seinem Heimatland Frankreich: Von 1972 bis 1975 nahm Mary Roos mehrere Schallplatten auf Französisch auf und sang in französischen TV-Shows und im Pariser Konzerthaus „Olympia". 1977 tritt Mary Roos als erste

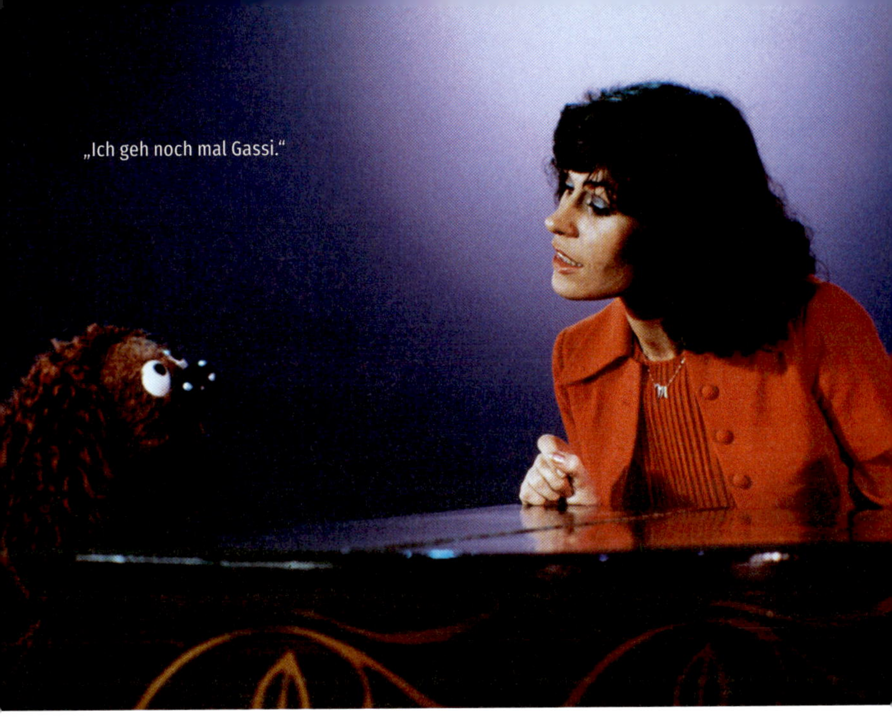
„Ich geh noch mal Gassi."

und einzige deutsche Interpretin in der Muppet-Show auf und singt „Komm zu mir", die deutsche Version von „Lean on me". In den siebziger Jahren hatte sie zwar keinen „Überhit", aber war in TV-Sendungen, Personality-Shows und auf Schlagerbühnen sehr präsent – bis die Krise des deutschen Schlagers in den achtziger und neunziger Jahren auch ihre Karriere strapazierte. Als Mitte der achtziger Jahre ihr Sohn geboren wurde, stieg Mary Roos für Jahre aus der Schlagerbranche aus.

Seit ihrem achten Lebensjahr, zu Beginn noch bei Tanztees im elterlichen Hotel in Bingen, hatte sie auf der Bühne gestanden und Schallplatten aufgenommen. Die zurückhaltende Sängerin („Die ersten vierzig Jahre meines Lebens war ich schüchtern") brauchte eine Auszeit. Sie spielte nur noch gelegentlich Platten ein und zog ihren Sohn alleine in Hamburg auf. Und sie entwickelte allmählich die Stärke und Kraft, die ihrer Karriere ab 2013 einen zweiten, einmaligen Höhepunkt verschaffte. In diesem Jahr erschien ihre Platte „Denk was Du willst", ein „erstaunliches Album abseits der gängigen Unterhaltungsmusik", wie die überraschte und begeisterte Presse schrieb. Und nun passte einfach alles: Die Titel hatten Jazz, Swing oder brasilianische Rhythmen, die Texte waren klug und selbstironisch. All das hatte Mary Roos im Laufe ihrer Karriere immer schon gelegentlich gemacht, aber diesmal konzentrierte sie sich auf ihre Stärken. Während sie im Studio die neuen Titel einsang und zum ersten Mal echte Mitsprache bei der Produktion bekam, arbeitete nebenan der Trompeter Till Brönner an seinen Aufnahmen. Der weltberühmte Jazzer führte sie mittags regelmäßig zum Essen aus, fotografierte Mary Roos für das Booklet ihrer CD und schrieb gar einen Titel für ihr Album. „Ach, was für ein Mann! Er sieht toll aus, ist charmant, respektvoll. Ein paar Jahre früher, und ich wäre ihm verfallen", erzählte sie später über diese Zeit.

Mary Roos spürte während der Produktion, wie gut ihre Aufnahmen wurden und wie gut sie sein konnte. Und zum ersten Mal in ihrem Leben ging sie mit ihrem neuen Album auf eine Solo-Clubtour. Alles war plötzlich da: das Publikum während ihrer ausverkauften Tournee, die Musikerkollegen, die sie überschwänglich lobten („die deutsche Dionne Warwick", meinte Götz Alsmann) und das deutsche Feuilleton, das einen neuen, alten Star (wieder-)entdeckte.

Seit 2015 zieht Mary Roos nun mit dem Kabarettisten und „Schlagerhasser" Wolfgang Trepper durch die Stadt- und Konzerthallen der Republik, um mit ihrem Programm „Nutten, Koks und frische Erdbeeren" eine unwiderstehliche Mischung aus Plauderei, Gesang (von ihr) und Gemeinheiten (von ihm) zu präsentieren. Am Ende steht das Publikum in den ausverkauften Sälen und bejubelt eine Künstlerin, die nun endlich ganz zu sich gefunden hat. Und ihr Bühnenpartner Wolfgang Trepper, der sie und ihre Kollegen und den ganzen Schlagerzirkus während des Programms so verächtlich gemacht hat, steht strahlend neben ihr – glücklich, eine so selbstironische und kluge Partnerin gefunden zu haben.

Als 2018 Mary Roos zu „Sing meinen Song" als erste Schlagersängerin eingeladen wurde, in Südafrika an der neuen Staffel

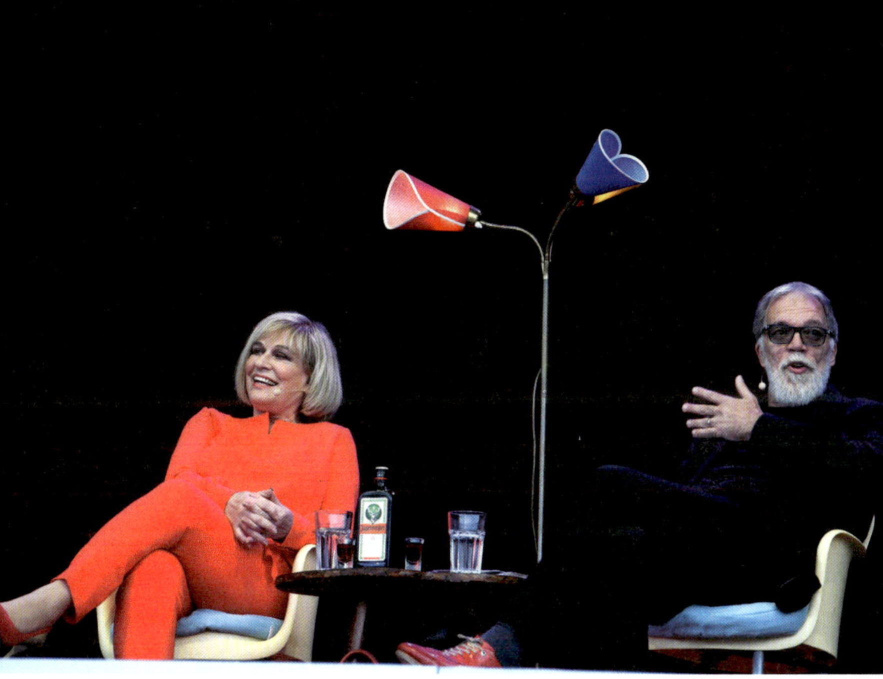

teilzunehmen, ging für sie „ein Traum in Erfüllung“. Im gleichen Jahr erhielten sie und Wolfgang Trepper den Ehrenpreis des „Bremer Comedy Pokal“ für ihr Bühnenprogramm. 2019 gab Mary Roos bekannt, ihre musikalische Karriere zu beenden – eine autonome Entscheidung auf dem Höhepunkt ihrer Karriere. Mit Wolfgang Trepper tourt sie immer noch, mit ihrem neuen Programm „Mehr Nutten, mehr Koks – scheiß auf die Erdbeeren“.

Mit den schwierigen Momenten ihres Lebens hat sie ihren Frieden gemacht, und so kann sie heute über 1984 und ihr Lied „Aufrecht geh'n' sagen: „Ein gutes Lied bleibt gut. Und das war mein Schönstes“.

Proud Mary.

Das Quiz für echte Schlager-Experten

1. Welcher später weltberühmte Filmregisseur schrieb und produzierte 1970 das Hörspiel „Ganz in Weiß“ mit Musik von Roy Black?

a) Wim Wenders
b) Rainer Werner Fassbinder
c) Wolfgang Petersen

2. Welches Schlagerduo sang 1971 die deutsche Fassung des Hardrock-Klassikers „Paranoid“ von Black Sabbath als „Der Hund von Baskerville“?

a) Renate und Werner Leismann
b) Cindy und Bert
c) Nina & Mike

3. Welche*r Schlagersänger*in hat die SPD 2017 und 2022 als Mitglied der Bundesversammlung zur Wahl des Bundespräsidenten nominiert?

a) Roland Kaiser
b) Helene Fischer
c) Mary Roos

4. Welche*r Schlagersänger*in ist mütterlicherseits verwandt mit dem weltberühmten DADA-Künstler Hans Arp?

a) Peter Alexander
b) Udo Jürgens
c) Roy Black

5. In den frühen sechziger Jahren begrüßte Peter Kraus seine amerikanische Kollegin Connie Francis am Wiener Flughafen. Was löste einen Skandal aus?

a) Er hatte beim Handkuss die Hand in der Hosentasche.
b) Er trug Sandalen und Sportsocken.
c) Er kaute Kaugummi.

6. Wer war als einzige*r deutsche*r Sänger*in zu Gast in der Muppet Show?

a) Jonny Hill
b) Mary Roos
c) Manuela

7. Auf welchen amerikanischen Kultfilm spielten 2007 Roberto Blanco und Jürgen Drews mit einem Werbespot für Schokokekse an?

a) Pulp Fiction
b) Star Wars
c) Zurück in die Zukunft

8. Welcher erfolgreiche Titel war 1954 ursprünglich als Scherz und Parodie auf die damals erfolgreichen Heimatschlager geschrieben worden?

a) „Am Waldesrand"
b) „Das alte Försterhaus"
c) „Försterliesel"

9. Mit siebzehn Nr.-1-Platzierungen hat wer am häufigsten die „ZDF-Hitparade" gewonnen?

a) Jürgen Marcus
b) Nicole
c) Wolfgang Petry

10. Welcher ausgebildete Opernsänger wurde 1971 auf seinem bekanntesten Schlager vollständig vom Hintergrundchor übertönt?

a) Tony Holiday
b) Tony Marshall
c) Uli Martin

11. In „Fiesta Mexicana" ruft Rex Gildo immer wieder „Hossa". Was bedeutet der Ausdruck?

a) hossa f. Pl.: hossy, der (Wirtschafts-)Boom)
b) Dorf in Finnland, bekannt für seine Felsmalereien
c) gar nichts, soll nur spanisch klingen

12. Achim Reichel hatte 2021 einen Nr.1-Hit in den chinesischen Shazam-Charts mit einem über 30 Jahre alten Shanty („Aloha Heja He"). Warum?

a) Das chinesische Militär drehte einen Propagandafilm über den chinesischen Anspruch an einigen hawaiianischen Inseln.
b) Ein Star des chinesischen TikTok unterlegte ein Video mit dem Schlager.
c) Durch einen Übersetzungsfehler klingt der Titel wie ein Neujahrsglücksversprechen.

13. Welche amerikanische Hardrock-Band spielte 2018 bei einem Konzert in der Münchner Olympiahalle eine deutsche Coverversion von „Skandal im Sperrbezirk"?

a) Iron Maiden
b) Alice Cooper
c) Metallica

14. 2008 wirbt der Mobilfunkanbieter e-plus mit einem amerikanischen Gangsterrapper, der als Roy Black kostümiert „Schön ist es auf der Welt zu sein“ singt. Ist es:

a) Snoop Dogg
b) Ice-T
c) 50 cent

15. Welchen Titel spielte Max Raabe mit seinem Palastorchester bei einem Konzert auf besonderen Wunsch des Altkanzler Kohls?

a) „Ich will keine Schokolade“
b) „Die Caprifischer“
c) „Pack die Badehose ein“

16. Welcher ehemalige Schlager-Kinderstar nahm 1975 in Südafrika zwei LPs in Afrikaans auf?

a) Andrea Jürgens
b) Heintje
c) Die kleine Conny (Froboess)

17. Wer sang 1980 in der Fernsehsendung „Bios Bahnhof“ mit Udo Lindenberg gemeinsam seine „Andrea Doria“?

a) Nina Hagen
b) Nana Mouskouri
c) Liza Minnelli

18. Wie hieß das 1979 veröffentlichte Weihnachtsalbum, das wegen des großen Erfolges einen Eintrag ins „Guinness-Buch der Rekorde“ erhielt?

a) „Weihnachten mit Andrea Jürgens“
b) „Weihnachten komm ich nach Haus“ (Roy Black)
c) „Die schönsten Weihnachtslieder mit Gunter Gabriel“

19. Welcher Schlagersänger erhielt den Beinamen „der Große“?

a) Peter Rubin
b) Peter Alexander
c) Peter Petrel

20. Welche Schlagersängerin gehörte später zum Ensemble der Fernsehserie „Klimbim“?

a) Maggie Mae
b) Ramona (Wulf)
c) Renate Leismann

21. Welche Sängerin ist die Schwiegertochter von Andrea Berg?

a) Beatrice Egli
b) Sarah Zucker
c) Vanessa Mai

22. Welcher Schlagersänger war zweimal Landesmeister im Ski-Langlauf und nahm für sein Heimatland an der Nordischen Skiweltmeisterschaft 1985 in Seefeld in Tirol teil?

a) Costa Cordalis
b) Howard Carpendale
c) Ricky Shayne

23. Wer hatte die meisten Bühnenauftritte in der „ZDF-Hitparade“?

a) Michael Holm
b) Bernhard Brink
c) Roland Kaiser

24. Welcher Schlagersänger und -komponist trat schon als Kind mit dem von seinem Vater mitgegründeten Schwarzmeer Kosaken-Chor auf, den er seit 1993 selbst leitet?

a) Ivan Rebroff
b) Peter Orloff
c) Wladimir Kaminer

25. Welche deutsch-griechische Sängerin wurde 2006 für die sozialistische PASOK in Piräus zur Vizebürgermeisterin und Stadträtin für Kultur und internationale Beziehungen gewählt?

a) Nana Mouskouri
b) Anna Vissi
c) Vicky Leandros

26. Wer komponierte 1969 die Musik zum Horrorfilm „Hexen bis aufs Blut gequält“?

a) Michael Holm
b) Hans Blum
c) Christian Anders

27. Wer spielte 1968 die „Sheila“ in der deutschen Uraufführung des Musicals „Hair“?

a) Cindy Berger
b) Daliah Lavi
c) Su Kramer

28. Welcher deutscher Schlagersänger trat 2006 beim chinesischen „Wetten, dass..?“ („Xiang tiaozhan ma?“) auf?

a) Heino
b) Matthias Reim
c) Jürgen Drews

29. Wer hatte 1969 in drei Ländern (Dänemark, Schweden, Deutschland) in der jeweiligen Landessprache einen Nr.1-Hit?

a) Siw Malmkvist
b) Gitte Haenning
c) Wencke Myhre

30. Wer gehörte von 2008 bis 2012 für die „Freien Wähler" dem bayerischen Landtag an und war während dieser Zeit Mitglied des Rundfunkrats des Bayerischen Rundfunks?

a) Claudia Jung
b) Nicole
c) Gaby Baginsky

Quiz-Lösungen

1 b, 2 b, 3 a, 4 b, 5 a, 6 b, 7 a, 8 b, 9 b, 10 b, 11 c, 12 b, 13 c, 14 a, 15 b, 16 b,
17 b, 18 a, 19 b, 20 a, 21 c, 22 a, 23 c, 24 b, 25 c, 26 a, 27 c, 28 a, 29 b, 30 a

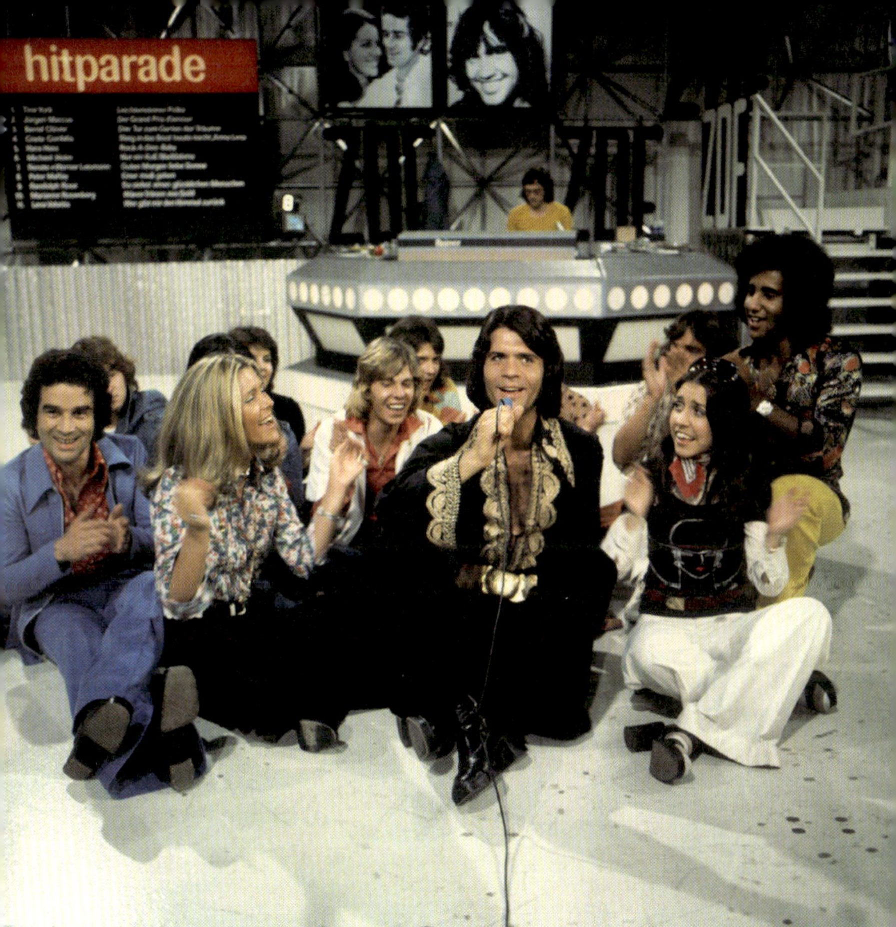

Dankeschön, es war bezaubernd!

Zitate

„Schlagermusik ist die Kunstform, die immer an ihrer schlechtesten Erscheinungsform gemessen wird."
Götz Alsmann in seiner Antrittsvorlesung als Honorarprofessor an der Uni Münster

„Ein guter Schlager kann regelrecht anrühren."
Manfred Krug

„Ein Schlager ist für meine Begriffe ein Märchen für Erwachsene."
Dieter Thomas Heck

„Anrufer bei Rundfunkanstalten beschweren sich oft, dass so viele Schlager in Fremdsprachen gesungen werden. Sie sollten lieber froh sein, dass sie den Text nicht verstehen."
Robert Lemke

„Wir sind eine große Familie im Schlagerhimmel und Udo Jürgens ist unser Gott."
Besucherin des Schlagermove in Hamburg

„Jeder Schlagerbewegte hat seine Feindschaften und pflegt sie."
Rainer Moritz, Autor und Schlagerliebhaber über Die Flippers, Katja Ebstein und Wolfgang Petry